KB241436

설득의 고수가 된 강 대리

설득의 고수가 된 강 대리

KI신서 1267

설득의 고수가 된 강 대리

1판 1쇄 발행 2008년 2월 15일
1판 5쇄 발행 2010년 4월 2일

지은이 이혜범 **펴낸이** 김영곤 **펴낸곳** (주)북이십일 21세기북스
기획 김수연 **편집** 오원실 **마케팅·영업** 최창규 김보미
출판등록 2000년 5월 6일 제10-1965호
주소 (우413-756) 경기도 파주시 교하읍 문발리 파주출판단지 518-3
대표전화 031-955-2100 **팩스** 031-955-2151 **이메일** book21@book21.co.kr
홈페이지 www.book21.co.kr

값 10,000원
ISBN 978-89-509-1326-7 03320

설득의 고수가 된 강 대리

이혜범 지음

21세기북스

차례

머리말 │ 당신과 나의 의미 공유를 위하여 … 8

제1부 │ **설득을 위한 커뮤니케이션 스토리**

1 │ 기획팀 강 대리, 말하기의 문제점을 발견하다 … 13
원수는 외나무다리에서 만난다
2보 전진을 위한 1보 후퇴

2 │ 여자 상사를 맞이하다 … 35
사내에 이런 사람 꼭 있다
모난 돌은 언제나 당당하다
'아'와 '어'는 엄연히 다르다

3 │ 말하기도 능력이다 … 65
봄바람이 불기 시작하다
사인사색, 수만 가지 생각이 섞이다
때로는 경쟁자의 충고가 정답이다

4 상대를 설득하기 위해 만반의 준비를 하다 ··· 93

사랑과 동정은 차이가 있다
무슨 일이든 타이밍이 중요하다
사랑도 일도 실리를 추구한다
농담은 진담처럼, 진담은 농담처럼

5 의미 공유에는 기술이 필요하다 ··· 119

오해가 오해를 부른다
눈치가 없으면 침묵이 약이다
인연의 끈은 장담할 수 없다

6 설득의 고수가 되다 ··· 141

오해와 오해의 거리는 진심이 채운다
경청하는 귀는 백 마디 말보다 힘이 세다
삼천포로 빠지다
아쉬움을 뒤로하다

제2부 · **설득을 위한 커뮤니케이션 실전 노하우**

1 커뮤니케이션 클리닉 … 160
01 말끝 흐리지 않기
02 토막말 사용하지 않기
03 프레젠테이션 잘하기
04 간결하고 쉽게 말하기
05 경청하기
06 말의 속도 알맞게 하기
07 대화의 주도권 갖기
08 구체적으로 말하기
09 부정적인 말 안 하기
10 좋고 싫음을 표면에 드러내지 않기
11 똑 소리 나는 지시 방법
12 똑 소리 나는 보고 방법
13 타이밍 맞추기

14 거래처 방문 전 준비 사항

15 듣기 좋은 목소리로 말하기

16 상황에 맞게 말하기

17 과장하지 않기

2 | 비즈니스 커뮤니케이션 성공 기법 ··· 196

01 까다로운 상대 대하기

02 존댓말과 호칭 사용

03 맞춤 커뮤니케이션

04 성공의 언어

05 대담성 키우기

06 감정조절 능력

07 유행어 남발 삼가기

08 커뮤니케이션의 기본 룰

09 상대에게 'Yes' 도출하기

당신과 나의 의미 공유를 위하여

예전에 아나운서로 일하면서 커뮤니케이션 교육의 필요성을 절실히 실감한 적이 있었다. 변호사나 의사 등 자신의 분야에서 '전문가'라고 불리는 사람들과 방송을 하면서 안타까움을 느낀 적이 많았다. 출중한 실력을 지녔는데도, 표현력이 부족해서 자신이 가지고 있는 지식이나 정보를 제대로 전달하지 못했기 때문이다. 말하는 것을 직업으로 하는 만큼 그들을 도와줄 수 있는 효과적인 방법을 고민하던 중, 우연한 기회에 주변의 개업 의사에게 논리적 말하기와 설득 커뮤니케이션 기법을 강의하게 되었다. 그 이후로 아나운서에서 커뮤니케이션 교육 전문가로 새 삶을 시작하게 되었다.

사실 주위를 둘러보면 그럴듯하게 말을 잘하는 사람이 많다. 그러나 일반적인 대화와 비즈니스의 말하기는 분명 다르다. 비즈니스의 말하기는 '목적을 달성하기 위한 말하기'이기 때문이다. 즉, 아무리 말을 잘해도 성과가 없으면 '수다쟁이'에 불과한 것이다. "열심히 하겠습니다"보다는 "좋은 결과를 내겠습니다"라는 말이 통하는 곳이 냉엄한 비즈니스 현장인 것이다.

능력을 인정받는 비즈니스맨들은 군더더기 없는 말과 정곡을 찌르는 비유, 한결같은 논리 정연함으로 늘 좋은 결과를 이끌어낸다. 또 상사나 부하의 성향을 파악하여 그에 맞춰 현명하게 행동한다. 이러한 행동은 그들이 원하는 결과를 이끌어내는 데 중요한 역할을 한다.

이처럼 커뮤니케이션은 단순히 메시지만 주고받는 기계적인 과정이 아니다. 인간의 심리적인 요소와 인식 과정, 비언어적인 몸짓과 얼굴 표정 등이 종합되어 일어나는 총체적인 과정이 커뮤니케이션이다. 상대방의 입장에서 생각하고 상대를 이해하려고 노력한다면 커뮤니케이션을 통해 진정한 인간관계를 형성할 수 있다.

커뮤니케이션 시대인 지금, 대화 능력이 부족하면 직장생활 자체가 괴로울 수밖에 없다. 커뮤니케이션 강의를 하면서 표현력이 부족해서 실력을 인정받지 못하고 우울해하는 사람들을 많이 보았다. 그들은 자신을 책망하면서 자신감을 잃어간다.

직장인들이라면 누구나 자신의 능력을 100퍼센트 인정받고 싶고, 경쟁자들보다 빨리 승진하길 원할 것이다. 그러기 위해서는 자신이 생각하는 것을 효과적으로 전달하고 상대의 특성을 정확히 파악하는 '맞춤 커뮤니케이션' 능력을 키울 필요가 있다.

이 책은 직장에서 간과할 수 없는 기본적 대화 방법을 모두 담고 있다. 그러나 딱딱한 커뮤니케이션 이론서나 일반적인 자기계발서가 아닌 스토리텔링 형식으로 풀어보았다. 정확한 발음, 말끝 흐리지 않기, 시선 처리 등의 탄탄한 기본기, 말하는 그릇과 그 안에 담을 메시지, 성공적인 커뮤니케이션 비법들까지 흥미로운 이야기를 통해 이 책을 읽는 것만으로도 많은 도움이 될 것이다. 장담컨대 이 이야기 속에 나오는 등장인물이 나의 모습일 수도, 동료나 상사 혹은 후배의 모습일 수도 있다. 이 책을 통해 대한민국의 비즈니스맨들이 강 대리처럼 커뮤니케이션의 고수가 되길 바란다.

끝으로 이 책이 나오기까지 많은 도움을 주신 여러 분들과 특별히 이 책의 맛을 더해주신 신승철님께 깊은 감사드린다.

이혜범

제1부　**설득을 위한 커뮤니케이션 스토리**

1__기획팀 강 대리, 말하기의 문제점을 발견하다

2__여자 상사를 맞이하다

3__말하기도 능력이다

4__상대를 설득하기 위해 만반의 준비를 하다

5__의미 공유에는 기술이 필요하다

6__설득의 고수가 되다

제1부　**설득을 위한 커뮤니케이션 스토리**

1 | 기획팀 강 대리,
말하기의 문제점을 발견하다

원수는 외나무다리에서 만난다

"강 대리, 요즘 특별히 바쁜 일 없지?"

"네, 그렇기는 하지만…."

"그런데 뭐? 강 대리 요새 좀 반항하는 경향이 있어. 다른 직장 알아보고 있나?"

"아, 아닙니다. 바쁜 일 없습니다."

고 부장은 혀를 끌끌 찬다. 강 대리는 농담 한마디만 던져도 낯을 붉히며 곧이곧대로 받아들이는 위인이다. 놀리는 재미는 있지만 고지식한 태도 때문에 짜증이 날 때도 있다.

"그럼, 이번 신입 사원 오리엔테이션에 교육 지원 좀 나가야겠어."

"그건 좀…."

"뭐가?"

"그게, 저…. 부장님도 아시다시피 제가 낯가림이 심하지 않습니까? 그런데 어떻게 신입 사원 교육을…."

"그러니까 갔다 오라는 거야. 이번 기회에 성격 좀 고쳐 봐. 이미 신청도 했으니까 아무 말 말고 갔다 와."

"그래도…."

"또 반항하는 것 좀 봐. 다른 직장 알아보고 있는 게 확실하다니까."

"아, 아니, 그게…."

강 대리는 고 부장의 얼굴조차 제대로 쳐다보지 못한 채 시선을 떨어뜨리며 말을 얼버무렸다. 고 부장은 그런 강 대리의 태도가 못마땅했다. 자신이 한 일에 대해 자신감이 없고, 뭘 물어보면 대답을 못하고 우물쭈물하기 일쑤다. 그러나 강 대리가 제출하는 기획안은 누가 봐도 훌륭한 것들이 많았다. 사람들 앞에서 발표는 잘 못하지만 아이템을 기획하고 구체화시키는 데에는 탁월한 능력이 있었다. 이런 이유로 고 부장은 강 대리가 더욱 안타까웠다. 표현하는 능력이 조금만 뛰어났더라도 강 대리는 벌써 오래전에 과장 직함을 받았을 것이다. 고 부장은 다음 인사이동에 강 대리를 과장으로 추천할 생각이다. 자리가 사람을 만든다고, 강 대리도 과장 자리에 앉게 되면 자신을 잘 표현할 수 있지 않을까 생각했기 때문이다. 그러나 내심 불안한 마음이 없는 것은 아니었다. 어설프게 과장이랍시고 부하 직원들 앞에서 우물쭈물하게 되면 오히려 나쁜 결과를 가져올 수도 있기 때문이다. 강 대리의 성격 때문에 고민하던 차에 신입 사원 오리엔테이션에서 교육을 담당할 사람을 부서별로 한 명씩 지원하라는 업무 지시가 내려온 것이다. 고 부장은 강 대리의 성격을 고칠 좋은 기회라는 생각이 들었다. 신입 사원들을 교육하면서 자신을 표현하는 법과 아랫사람들을 다루는 법을 배울 수 있을 테니 말이다.

강 대리는 고부장이 눈을 치뜨자 아무 말도 못하고 자리로 돌아왔다. 강 대리로서는 이번 일이 입사 이래 최대 고비라는 생각이 들었다. 아닌 게 아니라 다른 직장을 알아봐야 할 판이었다. 1년 내내 야근을 하는 게 낫지, 이번 일만은 도저히 못하겠다는 생각이 들 정도였다. 강 대리는 머리를 식히기 위해 휴게실로 향했다. 자판기에서 커피를 뽑는 동안 이리저리 두리번거리다가 사내 게시판에 붙은 공고문이 눈에 띄었다. 신입 사원 오리엔테이션 참가자 명단이었다.
'기획부 강동운 대리'
강 대리는 명단에서 이름을 확인하자, 학교 다닐 때 정학이나 근신이 떨어진 학생들 명단에서 자신의 이름을 발견한 듯한 느낌이 들었다. 그러나 그 우울함을 한 방에 날려 보낼 이름이 명단 맨 아래에 있었다.

'영업부 이한우 대리'

이한우. 강 대리가 죽을 때까지 잊을 수 없는 이름, 아니 잊어서는 안 될 사람이었다. 강 대리에게 난생처음 '배신감'을 선물해 준 장본인이었다. 입사 동기인 이 대리와 강 대리는 어려울 때 서로 도와주던 절친한 사이였다. 강 대리도 이 대리 앞에서만큼은 쭈뼛거리지 않고 편안하게 자신의 생각을 말할 수 있었다. 그런데 둘 사이가 틀어지게 된 결정적인 사건이 작년 이맘때 벌어졌다.

이 대리에게 의논할 것이 있어 영업부에 들른 강 대리는 마음에 쏙 드는 여성 신입 사원을 발견했다. 말 한 마디 못 붙여보고 며칠간 끙끙대던 강 대리는 이 대리에게 자신의 마음을 사실대로 털어놓고 도움을 청했다. 이 대리는 걱정하지 말라며, 잘되거든 술이나 한잔 사라고 했다.

그러나 애타게 소식을 기다리던 강 대리는 이 대리에게 술을 사주기는커녕 혼자서 술로 밤을 지새우게 되었다. 이 대리가 그 신입 사원을 가로채버린 것이다. 강 대리의 배신감과 상실감은 말할 수 없을 정도로 컸다. 그 충격으로 한동안 슬럼프에서 빠져나오지 못했다. 게다가 그런 일이 있었다는 것을 알 리 없는 고 부장은 꼼꼼함과 성실함이 무기였던 강 대리가 실수를 하는 횟수가 많아지자 결국 과장으로 추천하려던 마음을 돌려먹고 말았다. 이래저래 강 대리에게는 지옥 같은 한 해였다.

강 대리는 부장으로부터 사원 연수 일정표를 건네받았다. 여느 해와 마찬가지로 2박 3일간 다양한 연수 프로그램이 마련되어 있었다. 그런데 예년과 달리 한 가지 특이한 사항이 눈에 띄었다. 팀별 경쟁 방식을 도입한 것이다. 5명이 한 팀으로 이루어지는데, 주어진 과제를 해결하는 능력에 따라 점수를 부과하고 과제별 점수를 합산하여 순위를 매기는 것이었다.

1위 팀에는 소정의 상품과 원하는 부서에서 근무할 수 있는 특전을 부여하여, 신입 사원들의 참여 의식을 높이겠다는 설명이 더했다. 기획력이나 문제해결 능력은 남보다 뛰어나다고 자부하는 강 대리는 이 기회에 이 대리의 코를 납작하게 해주어야겠다고 마음먹었다.

사원 연수는 산정호수에 있는 콘도를 빌려서 진행되었다. 날씨가 제법 쌀쌀했지만 강 대리는 의욕에 불타서 추위를 느끼지 못하고 있었다. 첫날은 팀장들이 신입 사원들에게 간단히 자기 자신과 부서를 소개한 뒤 팀원들과 미팅하는 일정으로 짜여 있었다. 별것도 아닌 자기소개 및 부서 소개를 위해 강 대리는 며칠 전부터 잠까지 줄여가며 연습했다. 다른 사람들에게는 크게 문제될 것이 아니지만, 남 앞에 서면 머릿속이 하얘지는 강 대리로서는 껄끄러운 순서가 아닐 수 없었다. 첫인상이 얼마나 크게 작용하는지를 잘 알고 있는지라 소홀히 넘어갈 수 없었던 것이다.

강 대리는 총무부, 인사부에 이어 세 번째로 인사하게 되었다. 영업부 이 대리는 강 대리 다음이었다. 강 대리는 초조하게 자신의 순서를 기다리고 있었다. 이런저런 생각을 하는 동안 앞의 순서가 순식간에 끝나고 강 대리의 차례가 돌아왔다. 강 대리는 순서를 기다리면서 끊임없이 연습했는데도, 사람들 앞에 서자 머릿속이 하얘지며 아무 말도 생각나지 않았다. 한참을 머뭇거리다가 간신히 말을 꺼냈다.

"저, 저는 기획부의 강, 강동우운… 대리라고 합니다. 잘, 잘 부탁드립니다."

쭈뼛거리며 제대로 말도 못하는 강 대리를 보자 신입 사원들은 수군거리기 시작했다.

"저 사람 이름이 뭐라는 거야? 강동원이니, 운이니? 생긴 걸 보니 강동원하고는 거리가 머니까, 강동운이 맞겠지?"

"저 사람이 우리 팀장이 되면 어떡하지? 이번 신입 사원 연수는 팀별 경쟁이라며? 이왕이면 우승했으면 좋겠는데, 저런 사람이 팀장이 되면 우승하기는 힘들겠다."

"야, 차려입은 걸 봐라. 아무리 간편한 운동복 차림으로 나오라고는 했어도, 저렇게 촌스러운 초록색 운동복을 입고 나왔을까. 군대의 오렌지색 운동복 이후로 저렇게 촌스러운 건 처음 본다. 하하하."

자기들끼리 하는 얘기겠지만 강 대리의 마음에는 하나하나가 비수가 되어 꽂히고 있었다. 자기 이름조차 제대로 말하지 못했으니, 부서 소개도 제대로 했을 리 없었다. 강 대리는 무슨 말을 하는지도 모른 채 쭈뼛거리다가 물러났다.

다음 차례인 이 대리는 고개를 푹 숙이고 들어오는 강 대리를 향해 의미심장한 미소를 날리며 당당하게 단상으로 올라갔다.

"최근 광우병 파동 때문에 한우의 가치가 한층 더 올라가고 있습니다. 저는 한우 중에서도 순수 토종 한우인 영업부 이한우 대리입니다."

신입 사원들은 재치 있는 자기소개를 듣고 소곤거리며 이 대리에게 집중하기 시작했다. 이 대리는 이어서 부서 소개를 시작했다.

"영업부라고 하면 대부분 회사에서 가장 큰 부서라고 생각합니다. 사실 그렇습니다. 늘 현장에서 발로 뛰어야 하는 부서이기 때문입니다. 그렇지만 그만큼 보람도 있는 부서라고 생각합니다. 아무리 잘 만들어진 제품이라도 팔리지 않는 제품은 쓸모가 없습니다. 결국 제품을 죽이느냐 살리느냐는 우리 손에 달려 있는 것입니다."

이 대리의 청산유수와 같은 부서 소개에 어느덧 신입 사원들은 빨려 들어가고 있었다. 강 대리조차도 자기가 신입 사원이라면 영업부에 지원하고 싶겠다는 생각이 들었다. 이 대리의 말은 계속되었다.

"게다가 올해부터 인센티브 제도가 도입된다고 합니다.

자신이 판매한 제품에 대해 일정한 비율로 인센티브를 제공할 계획입니다. 즉, 오로지 자신의 능력만으로 평가받을 수 있는 부서가 바로 영업부인 것입니다. 꿈이 있는 젊은이라면 영업부에 와서 자신의 꿈을 펼쳐보시길 바랍니다. 꿈은 도전하는 자만이 이룰 수 있습니다. 이상입니다."

이 대리의 말이 끝나자 우레와 같은 박수 소리가 이어졌다. 초반부터 이 대리에게 기선을 제압당한 강 대리는 본때를 보여주겠다는 결심이 서서히 수그러들었다. 이제는 어떻게 하면 더 이상 창피당하지 않고 이번 연수를 마무리할 수 있을까 하는 생각만이 머릿속을 맴돌고 있었다.

팀장들의 소개가 끝나자, 곧이어 조별 편성의 시간이 돌아왔다. 팀장들은 발표 순서대로 1~10조까지 배치되고 신입 사원들은 1~10까지 적혀 있는 종이쪽지를 뽑아 조가 결정되었다. 신입 사원들은 이 대리가 팀장을 맡고 있는 4조에는 못 들어가더라도 강 대리가 맡고 있는 3조만은 피해 가게 해달라고 기도하는 마음으로 쪽지를 뽑았다.

3이란 숫자에 실망한 표정과 4라는 숫자에 기뻐하는 사람들의 표정을 보자, 강 대리는 더욱 풀이 죽었다. 조가 결정되고 팀원과 간단한 미팅이 있었다. 강 대리는 팀원들에게 딱히 할 말이 없어 잘해 보자는 말만 하고 간단히 인사를 마쳤다. 팀원들도 자기소개를 마치자 더 이상 볼일이 없다는 듯 숙소로 돌아갔다. 강 대리는 숙소로 돌아가며 이 대리

팀의 분위기를 살폈다. 한눈에 봐도 화기애애했다. 이 대리 팀은 마지막으로 어깨동무를 하고 크게 파이팅을 외친 뒤 숙소로 돌아갔다. 강 대리는 자신을 바라보는 이 대리의 득의양양한 시선을 애써 외면하며 힘겹게 발걸음을 옮겼다.

숙소로 돌아가는 강 대리의 심정은 복잡했다. 이런 분위기라면 내일 어떤 과제가 나오든 제대로 도전할 수 없을 것만 같았다. 팀원들의 마음을 하나로 모을 방법을 고민하던 강 대리는 마음속에 있는 이야기를 편지로 전달하기로 했다. 자신의 생각을 잘 전달하면 팀원들도 믿고 따라와 줄 것이라는 생각이 들었다. 마음이 한결 가벼워진 강 대리는 서둘러 숙소로 돌아와 펜을 들었다. 손으로 쓰는 편이 팀원들의 마음에 더 가까이 다가설 수 있으리라 생각했기 때문이다.

저는 다른 사람 앞에 나서면 말을 잘 못합니다. 그래서 여러분들에게 제 생각을 잘 전달하지 못한 것 같습니다. 이렇게 글로 여러분에게 다가가고자 펜을 들었습니다. 제 소개부터 다시 하자면, 기획부 강동운 대리입니다. 저는 여러분들이 생각하시는 대로 외모나 말주변이 별로여서 내세울 만한 것이 없는 사람입니다. 이런 사람이 팀장을 맡아 여러분들이 많이 실망하고 있다는 사실도 잘 압니다. 그러나 신입 사원 연수의 주인공은 팀장이 아니라 바로 여러분들입니다.

여러분에게 기획부에 관심을 가져달라고 부탁할 마음은 없습니

다. 그러나 이것만은 말씀드리고 싶습니다. 어느 한순간도 후회하지 않도록 자신의 모든 것을 불태워 달라는 것입니다. 그리고 여러분이 뜨겁게 타오를 준비가 되어 있다면 제 한 몸, 불쏘시개가 될 각오가 돼 있습니다. 내일 아침 열정으로 똘똘 뭉친 여러분들의 모습을 볼 수 있기를 기대하며 이만 줄이겠습니다.

강 대리는 편지를 팀원들의 방문 밑으로 밀어 넣었다. 그리고 팀원들이 자신의 진심을 알아주기를 바라며 방으로 돌아왔다. 잠시 의자에 앉아 생각을 정리하다가 '누군가를 책임진다는 것이 이런 것이구나' 하는 생각이 떠올랐다. 그러자 어느새 이 대리에 대한 복수심은 저 멀리 사라져 버리고 '어떻게 하면 힘을 합해 과제를 잘 해결해 나갈 수 있을까?' 하는 생각만이 머릿속을 채우고 있었다.

정 확 히   발 음 하 기

　　말하기에 있어 가장 중요한 것은 정확한 발음이다. 발음이 불분명하면 자신의 이야기가 정확하게 전달되지 않아 상대방이 계속 되물어야 한다.
　　정확한 발음은 바른 입 모양에서 나오는데, 많은 사람들이 이 사실을 간과하고 있다. 우리말도 영어나 프랑스어처럼 입 모양과 혀의 위치가 중요하다. 영어의 L이나 R 발음은 신경 써서 발음하면서, 우리말은 내뱉으면 되는 줄 알고 신경을 쓰지 않는다.
　　우선, 입 모양을 '아에이오우'로 만들어 부드럽게 풀어주고, 발음에 어울리는 입 모양과 혀의 위치를 만든다.

2보 전진을 위한 1보 후퇴

다음 날 일정은 일찍부터 시작됐다. 아직 해가 뜨기 전인데도 모든 사원들이 강당에 집합했다. 진행자의 간단한 일정 설명이 끝나자 과제가 주어졌다. 신상품 기획하기, 상품에 대한 홍보안 작성하기, 가상의 상품을 심사 위원들에게 판매하기가 그것이었다. 점수는 기획과 홍보에 각각 20점씩 그리고 판매에 60점이 배당되었다. 결국 어느 팀이 심사 위원들에게 가장 많은 상품을 판매하느냐가 우승의 핵심이었다. 회사에서는 심사 위원을 미리 밝히지 않았다. 다양한 계층의 사람이 심사 위원으로 참여한다고만 밝혔다.

기획과 홍보안은 4시까지 운영본부에 제출하고, 5시부터는 심사 위원들을 상대로 판매해야 했다. 한 가지 특이한 점이라면, 신상품은 굳이 구체적인 제품이 아니라 서비스 모델이어도 좋다는 것이었다. 다시 말하면 무엇이든 상품으로 만들어 보라는 소리였다.

과제가 발표되자 신입 사원들뿐만 아니라 팀장들도 난감한 표정을 지었다. 신상품에 대한 기획과 홍보안을 4시까지 끝낸다는 것도 무리가 있는데 특정한 대상이나 분야조차 정해 주지 않았으니, 서울에서 김 서방 찾기와 다를 바가 없었다. 어쨌든 팀별로 조용한 장소를 찾아 뿔뿔이 흩어졌다.

강 대리는 팀원들을 자신의 방으로 데리고 갔다. 어제 강 대리가 쓴 편지가 효과가 있었던지 팀원들의 눈빛은 진지해 보였다. 팀원들을 보자 강 대리는 마음이 놓였다. 결과가 어떻게 될지는 몰라도 이런 분위기라면 무언가 해낼 수 있다는 기분이 들었다. 강 대리는 조심스럽게 입을 열었다.

"여러분들은 어떻게 생각할지 모르겠지만, 이번 과제는 우선 어떤 대상을 공략할 것인가를 고민해 봐야 한다고 생각합니다. 누구나 원하는 상품을 만들어낼 수 있다면 좋겠지만 매우 힘든 작업입니다. 어설프게 모든 계층을 대상으로 신상품을 기획하기보다는 차라리 특정 계층으로 대상을 좁혀 확실하게 공략하는 편이 실속 있다고 생각합니다."

모두 강 대리의 의견에 동의하는 분위기였다. 강 대리의 의견에 유일한 여성 팀원이 한마디를 보탰다.

"강 대리님의 의견이 옳기는 하지만, 대상을 너무 좁게 잡을 필요는 없다고 생각합니다. 남성 아니면 여성, 어린아이 아니면 노인, 이런 식으로 잡아도 충분하다고 생각합니다. 그리고 일반적으로 상품 구매력이 높은 여성을 대상으로 상품을 기획하는 것이 좋다고 생각합니다."

그러자 다른 남성 팀원이 의견을 내놓았다.

"저도 여성을 대상으로 삼는 것에는 찬성합니다. 그렇지만 범위를 조금 줄일 필요는 있다고 생각합니다. 여성 중에서도 20~30대 여성의 구매력이 가장 높으니 20~30대 여성을 타깃으로 삼는 게 좋을 것 같습니다."

"그건 너무 좁은 것 같습니다. 심사 위원들 중에 과연

20~30대 여성이 얼마나 있을까요?"

"저는 그렇게 생각하지 않습니다. 이번 신입 사원 연수에서 우승하는 것도 중요하지만 너무 그것에만 매달리지 않았으면 합니다. 우리들이 할 수 있는 것을 먼저 파악한 다음 역량에 맞는 기획을 해야 한다고 생각합니다."

분위기가 서서히 달아오르기 시작했다. 뚜렷한 결론이 나지 않았지만 다 같이 토론하는 모습을 보니 강 대리는 뿌듯한 마음이 들었다. 그리고 이 시점에서 서서히 정리해 줘야겠다는 생각이 들었다.

"공략 대상을 여성으로 하자는 말에는 모두 공감하는 것 같은데, 거기서 좀 더 좁히느냐 마느냐를 가지고 이야기가 맴도는 것 같습니다. 여성이냐, 아니면 20~30대 여성이냐 하는 것을 다수결로 결정합시다."

모두 강 대리의 제안에 수긍하고 바로 결정에 들어갔다. 팀원들만 결정에 참여한 결과 3 대 2로 20~30대 여성을 타깃으로 삼기로 했다. 다음은 20~30대 여성을 위해 어떤 상품을 만들 것인가를 기획할 순서였다.

"우선 20~30대 여성의 트렌드를 알아야 한다고 생각합니다. 마침 얼마 전에 20~30대 직장 여성을 대상으로 상품 기획을 하기 위해 조사한 적이 있으니 여러분들에게 중요한 사항만 간추려 알려드리겠습니다."

강 대리는 마침 잘되었다는 표정을 지으며 설명을 이어갔다.

"여러분들은 크게 세 가지 정도만 기억하시면 됩니다. 그건 바로 몸, 브랜드, 문화 욕구입니다."

"몸이라면 다이어트 말씀이신가요?"

"꼭 그렇지만은 않습니다. 좀더 엄밀히 말하면 '건강한 몸'이라는 표현이 맞겠군요. 보통 비만은 만병의 근원이라고 합니다. 그러므로 다이어트는 건강한 몸을 위한 여러 가지 방법 중 가장 큰 비중을 차지한다고 할 수 있습니다. 그렇다고 해서 '몸'이 곧 '다이어트'라고 규정하는 것은 성급하다고 생각합니다. 특히 요즘은 정신건강에 대한 관심도 높아지고 있으니 다이어트 이외에도 건강한 몸과 관련된 분야는 상당히 많습니다."

"브랜드는 뭐죠?"

"브랜드라는 말을 들었을 때 '명품'이라는 말을 떠올릴 것입니다. 상당 부분 맞는 생각입니다. 여기서 유의할 점은 '능력을 넘어서는 소비 성향'이라는 섣부른 결론을 내리지 말고, '내 브랜드 가치를 높이는 행위'에 초점을 맞추어 달라는 것입니다. 명품 구입은 단순한 과시욕이라기보다는 나를 표현하는 여러 방법 중 하나입니다."

강 대리의 설명에 모두들 빠져들고 있었다. 강 대리는 팀원들 앞에서 '떨지 않고 진지하게 말하면 잘할 수 있겠다'는 자신감이 생겼다.

"설명보다 질문을 해보는 게 좋을 것 같군요. 여러분들은

‘문화 욕구’ 하면 뭐가 떠오릅니까?”

“영화나 뮤지컬 관람 같은 것이 아닐까요?”

“전시회 관람 같은 것도 들어가겠죠.”

“해외여행도 크게 보면 문화 욕구에 들어가지 않을까요? 다른 나라의 문화에 대한 궁금증이니까 말이죠.”

“콘서트나 연주회에 가는 것도 포함되지 않을까요?”

강 대리는 팀원들의 말을 듣고 빙그레 웃으며 설명했다.

“그럴 줄 알았습니다. 대부분 수동적인 형태의 문화를 떠올리는군요. 그만큼 우리 사회에서 문화를 즐긴다는 것은 주어진 프로그램대로 따라간다는 것을 의미합니다. 그러나 20~30대 여성들의 욕구는 그것에 안주하지 않습니다. 영화를 보는 것에 그치지 않고 직접 촬영해 보고 싶어 합니다. 미술품 관람이나 음악회도 마찬가지입니다. 그러나 문화적 욕구를 만족시킬 수 있는 프로그램은 그리 많지 않다고 생각합니다. 그러니까 몸이나 브랜드보다는 문화 욕구에 초점을 맞춰 상품을 개발하면 좋겠다고 생각합니다.”

“그렇지만 그런 것들을 가르치고 제공하는 곳들은 이미 있지 않습니까?”

“물론 있습니다. 그러나 너무 전문적이라는 것이 문제겠죠. 물론 취미를 넘어서 전문적인 수준까지 원하는 사람도 있겠지만, 대다수의 사람들은 좀 더 다양하게 문화를 체험하고 싶어 합니다. 어느 한 가지에 매여 있기를 바라지 않는 거죠. 사실 다양하게 체험을 해봐야 나에게 맞는 문화 활동을 찾아내어 몰두할 것이 아닙니까? 쉽게 말해, 녹음 스튜디오에서 음반을 만들어보는 것도 좋지만 노래방에서 자신의 노래를 테이프에 담는 것만으로도 만족할 수 있다는 것입니다."

강 대리의 설명을 듣자 팀원들은 별다른 이의 없이 구체적인 방법에 대해 논의했다.

"그러면 문화 욕구와 관련된 구체적인 상품보다는 서비스 모델을 개발해야겠군요?"

"그렇습니다. 다양한 문화를 체험하기 위해 개인이 발품을 파는 데는 한계가 있으니, 다양한 문화 체험을 제공하는 서비스 모델을 개발하면 되리라 생각합니다."

한 팀원이 의견을 제시했다.

"오프라인보다는 온라인이 좋다고 생각합니다. 동영상 강의를 다양하게 제공하고 필요한 재료는 택배로 배달하면 어떨까요?"

다른 팀원이 그 의견에 덧붙여 말했다.

"더불어 오프라인 공간도 생각해야 합니다. 동영상 강의만으로 한계가 있는 프로그램들은 오프라인에서 제공해야 하니까요. 즉, 백화점 문화센터 같은 개념을 확대시켜 건물 전체를 문화 체험과 관련된 공간으로 꾸미는 것입니다."

좀더 구체적인 논의가 오가고 난 뒤, 강 대리는 기획안과 홍보안을 문서로 정리하여 운영본부에 제출했다. 이제 심사 위원들에게 이 서비스 모델을 잘 포장하여 파는 일만 남았다. 평가는 5시부터 시작이니 약 1시간 정도 시간이 남았다. 남는 시간 동안 판매 방법에 대해 좀더 논의할 수 있었지만 강 대리는 그렇게 하지 않았다. 이미 기획, 홍보안을 만드는 동안 충분한 논의가 이루어졌으니 심사 위원들을 설득하는 데 큰 문제가 없으리라고 생각했기 때문이다. 차라리 그 시간에 머릿속을 비우고 휴식을 취하는 것이 낫겠다고 판단했다. 짧은 시간이지만 모두 긴장을 풀고 휴식을 취했다. 5시가 가까워지자 대강당으로 자리를 옮겼다.

강당은 이미 사람들로 북적대고 있었다. 5시가 되자 운영위원회에서 심사 위원을 소개했다. 서류 심사와 판매 심사는 각각 다른 사람들이 맡았다. 우선 서류는 각 부서 부장들이, 판매는 식당 아주머니, 경비 아저씨, 매점 아가씨 등 숙소의 직원이 심사를 맡았다. 그런데 심사 위원 중 의외의 인물이 한 명 섞여 있었다. 검은색 치마 정장을 입은, 20대 후반에서 30대 초반 정도로 보이는 여자였다. 사회자는 앞으로 우리 회사에서 일하게 될 사람이라며 그녀에게 자기소개 시간을 주었다. 그녀는 자신의 이름은 김나연이고, 외국계 회사에서 근무하다가 이곳으로 스카우트되어 왔다고 자신을 소개했다.

심사 위원 소개가 끝나고 곧 판매 심사가 이어졌다. 판매는 팀장들이 아닌 팀원들 중 한 사람이 하게 되었다. 20~30대 여성으로 타깃을 정했기 때문에 팀의 홍일점인 나혜림이 대표로 발표했다. 강 대리의 예상이 적중했는지, 나혜림은 서비스 모델의 포인트를 잘 집어 설명했다. 발품을 팔지 않아도 다양한 문화 콘텐츠를 즐길 수 있다는 점을 부각시켰다. 심사 위원들은 나혜림의 설명에 흥미를 보였다. 설명이 끝나자 매점 아가씨가 질문을 던졌다.

"얼마 정도 내야 수강할 수 있나요?"

"강의마다 다르겠지만 평균 5만 원 정도면 수강할 수 있습니다."

"세 가지 정도 수강하면, 재료비를 포함해서 적어도 30만 원 이상 들어가겠네요. 저한테는 무리일 것 같아요."

"그렇지만 그렇게 비싼 것은 아닙니다. 재료의 경우 오프라인보다 훨씬 싼값에 구할 수 있고, 수강료의 경우도 오프라인 학원에 비하면 절반 이하입니다."

"그런가요? 그래도 비싸다는 느낌이 들어요."

매점 아가씨는 나혜림의 말에 공감하면서도 여전히 수긍할 수 없는 눈치였다. 분위기가 심상찮게 돌아간다는 생각이 드는 순간, 김나연이 결정적인 문제점을 지적했다.

"수강하는 동안 작품을 만들거나 기술을 익혔을 때, 그것에 대한 평가는 어떻게 받을 수 있나요?"

“오프라인 공간에서 해결할 수 있습니다.”

“그럼 학원에 나가는 것과 별 차이가 없지 않습니까?”

“그렇지 않습니다. 한 달에 한두 번 정도만 방문하면 될 텐데, 그 정도는 크게 불편하지 않을 것입니다.”

“과연 그럴까요? 무언가 배우면 내가 제대로 하고 있는지 확인하고 싶어지지요. 한 달에 한두 번 정도 방문하는 것 가지고 소비자가 만족할 수 있을까요? 그렇다면 거의 비슷한 비율로 온라인과 오프라인을 모두 이용해야 한다는 말인데요. 발품 파는 시간만 아껴주는 것이지, 사실상 시간이 더 많이 필요한 게 아닌가요? 뭐, 다양한 콘텐츠가 마련되어 있으니 그 정도 시간은 투자한다고 합시다. 그런데 오프라인에서는 수강료를 받지 않을 건가요? 온라인 수강생이라고 하더라도, 오프라인에서 따로 지도해 주어야 하니 수강료를 받아야 운영이 될 것입니다. 그렇다면 소비자는 시간과 돈 모두 이중으로 부담해야 하는 셈이죠. 다양한 기회를 제공한다는 점만 제외하면 장점이 없는 서비스 모델 같습니다.”

나혜림은 대답할 말을 찾지 못했다. 곰곰이 생각해 보니 김나연의 말이 맞다는 생각이 들었기 때문이다. 곧이어 사회자가 이 서비스 모델을 이용하고 싶은 사람을 찾았으나, 아무도 손을 들지 않았다. 나혜림은 금방이라도 울음을 터뜨릴 것 같은 표정을 하고 자리로 돌아왔다. 강 대리는 풀이 죽은 나혜림을 보며, 모두 자기 잘못이니 실망할 필요가 없다고 위로했다. 그러나 이미 풀이 죽은 나혜림에게 위로가 되지 않는 듯했다.

이 대리 팀의 발표가 시작됐다. 이 대리 팀에서는 이번 입사 시험에서 1등을 한 윤석중이 나왔다. 윤석중은 새로운 개념의 카드를 소개했다.

"사람들은 수많은 종류의 카드를 소지하고 있습니다. 그러나 각 카드의 할인율이나 마일리지를 제대로 알고 있는 사람은 그리 많지 않습니다. 저희는 여기에 착안해서 신용카드 기능은 물론 각종 적립 혜택까지 하나로 묶은 카드를 만들면 어떨까 생각했습니다."

심사 위원들은 큰 관심을 보였다. 누구나 할인 카드나 적립 카드를 가지고 있는데도, 어떤 혜택이 있는지 몰라 사용하지 못한 경우가 있기 때문이다.

"거대한 전산망 구축은 물론 할인이나 적립카드를 발행하는 모든 업체를 설득해서 하나로 통합하는 작업이 필요합니다. 이에 따른 막대한 예산도 필요하겠지만 전혀 불가능한 일은 아니라고 봅니다. 실용화만 되면 전 국민이 하나씩 갖게 될 것입니다. 그렇다면 카드에 광고를 싣거나, 가입비 및 연회비를 받아 수익을 낼 수 있습니다. 가장 매력적인 것은 막대한 양의 고객 정보를 축적할 수 있다는 것입니다. 쉽게 말해, 각 계층의 다양한 소비 패턴에 대한 데이터 구축은 물론 그것을 토대로 다양한 신상품을 개발할 수 있다는 것입니다. 더 나아가 정부와 협상하여 신분증 기능까지 첨부한다면, 카드 한 장으로 모든 경제생활이 가능해질 수 있습니다. 여러분들은 이런 카드 한 장 가지고 싶지 않으십니까?"

윤석중의 질문에 심사 위원 모두가 손을 들었다. 정말로 그런 카드가 탄생하면 좋겠다는 표정까지 짓고 있었다. 나머지 팀의 발표가 끝나고 심사 결과가 나왔다. 예상대로 이 대리 팀이 우승하였다. 그러나 강 대리는 서운한 마음이 들지 않았다. 과제를 해결해 가는 과정에서 사람들에게 의사를 효과적으로 전달할 수 있는 방법을 배웠고, 더 나아가 그들과 좋은 관계를 맺었기 때문이다. 강 대리는 이번 경험을 통해 한 걸음 더 나아갈 수 있는 자신감을 얻었다. 어려운 일이 주어져도 해결할 수 있을 것 같은 기분이 들었다. 강 대리는 풀이 죽어 있는 팀원들에게 맥주 한 캔씩을 권하며 다독였다.

다음 날 주변 관광을 가볍게 마치고 회사로 이동한 사람들은 각자 집으로 흩어지기 시작했다. 팀원들은 강 대리와 헤어지는 것을 아쉬워했다. 어차피 회사에서 다시 만날 테니 아쉬워하지 말자며, 강 대리는 팀원들과 작별 인사를 나눴다.

제법 쌀쌀한 날씨였지만 빌딩 사이로 비치는 햇빛이 강

대리의 몸과 마음을 푸근히 녹이고 있었다. 강 대리는 자신에게는 영원히 오지 않을 줄 알았던 봄이 성큼 다가왔다고 느끼며 즐거운 마음으로 발걸음을 옮겼다.

효과적인 팀 미팅 방법

회의를 할 때는 커뮤니케이션이 원활한지 확인해야 한다. 특히 여러 사람이 함께 하는 팀 회의는 의견 교환이 활발한 반면 시끄럽고 어수선해질 수 있고 자존심 싸움으로 연결되기도 한다. 주제를 좁혀 다양한 의견을 하나로 조합하는 지혜가 필요하다. 상대를 설득하고 납득시키기 위해서는 정확한 이유가 필요하다. 객관적인 데이터나 자료, 숫자 등의 증거를 제시하여 설득력을 높이도록 한다. "다음의 이유로는 네 가지가 있습니다"라는 식으로 말하려는 요점을 나누어 이야기하는 것도 회의를 원활히 이끌어가는 좋은 방법이다.

2 | 여자 상사를 맞이하다

사내에 이런 사람 꼭 있다

강 대리는 주말 동안 신입 사원 연수에서 쌓인 피로를 풀고 평소보다 일찍 회사에 출근했다. 늘 정해진 시간보다 일찍 출근하는 부장에게 단점을 고칠 기회를 준 것에 대해 감사의 인사를 해야겠다고 생각했기 때문이다.

강 대리는 자판기에서 커피를 두 잔 뽑아들고 사무실로 향했다. 사무실에 들어서니 부장이 어떤 여자와 얘기를 나누고 있는 모습이 보였다. 강 대리가 부장에게 인사를 하자 그 여자가 뒤를 돌아봤다. 강 대리는 그녀의 얼굴을 보고 깜짝 놀랐다. 신입 사원 연수에서 심사를 맡았던 김나연이었다. 고 부장은 김나연을 강 대리에게 소개했다.

"강 대리, 초면은 아니지? 잘 알다시피 우리 회사에 스카우트되어 온 김나연 씨야. 아니, 김 과장이라고 불러야 하나? 오늘부터 기획부에서 일하게 되었다네. 자네보다 직급은 높지만 아직 회사나 부서 분위기에는 익숙하지 않을 테니, 자네가 옆에서 도와주기 바라네.”

승진에 크게 신경 쓰지 않았던 강 대리였지만, 올해 인사 이동 때는 어쩌면 과장으로 승진할 수 있지 않을까 내심 기대하고 있었던 것도 사실이었다. 그런데 뜬금없이 굴러온 돌이 박힌 돌을 빼내려 하고 있으니, 아무리 사람 좋은 강 대리라고 하더라도 기분이 나쁠 수밖에 없었다. 강 대리는 그런 기분을 억누르며 김나연에게 자신을 소개했다.

“저, 저는 강, 강동우운이라고 합니다. 자, 잘, 잘 부탁합니다.”

신입 사원 연수에서 고쳐졌다고 생각했던 말을 더듬는 버릇이 재발하자, 강 대리는 비참한 기분이 들었다. 김나연이 왠지 자신을 비웃는 것 같아 고개를 똑바로 들 수 없었다. 김나연이 오히려 자신이 잘 부탁한다며 손을 내밀었지만 강 대리는 눈도 제대로 못 마주친 채 건성으로 악수를 하고 자리로 돌아왔다. 생각해 보니 똑바로 덤벼들던 김나연의 눈길은 예사롭지가 않았다. 남녀노소, 지위의 고하를 막론하고 결코 기운이 꺾일 것 같지 않았다.

심상치 않은 사건은 그것으로 그치지 않았다. 부서에 신입 사원 두 명이 새로 배치된 것이다. 그보다는 그 두 명 중에 하나가 바로 윤석중이라는 사실이 놀라웠다. 강 대리는 윤석중이 영업부를 선택할 줄 알았다. 이 대리와 호흡이 잘 맞았고, 설득력 있는 말솜씨로 볼 때 영업부가 생리에 맞으리라 생각했기 때문이다. 그런데 기획부를 지원해서 오다니 뜻밖의 일이었다. 부장이 두 사람을 간단히 소개하고, 이번에도 강 대리가 잘 가르쳐 주라고 부탁했다.

"제가, 무, 무슨 보모도 아니고, 잘 돌보고 말, 말고 할 게 뭐 있겠습니까?"

강 대리는 불만을 표현했다. 고 부장도 강 대리의 마음을 모르는 것은 아니었다. 고 부장은 젊은 여자가 윗사람이 되어서 자기보다 나이 많은 남자 부하 직원들을 잘 다룰 수 있을까 하는 걱정이 들었다. 그러나 회사가 결정한 일을 뒤집을 수는 없는 노릇이었다.

다른 부서원들은 갑자기 새로운 사람이 많아지니 들뜬 분위기였다. 그리고 새로 들어온 사람들을 평가해 보느라 쑥덕대고 있었다.

"자, 조용히 하세요. 자세한 소개는 오늘 업무 끝나고 신입 사원 환영회 때 할 거니까, 오늘 회식엔 한 명도 빠지지 말고 참석하도록 하세요."

고 부장이 한마디로 상황을 정리했다.

강 대리는 고 부장에게 통명스럽게 말을 뱉었지만, 사실 돌봐주고 싶은 사람이 한 명 있기는 했다. 신입 사원인 나혜림이었다. 신입 사원 연수에서 김나연에게 신나게 깨질 때 아무 도움도 주지 못했기 때문이다. 물론 팀장이 나설 수 있는 자리는 아니었지만 왠지 자신의 잘못 같아서 안쓰러웠는데, 이렇게 기회가 주어지니 뭐든지 가르쳐주고 싶은 마음이 들었다.

강 대리는 김나연의 자리를 자신의 옆에 마련해 주었다. 그러자 윤석중이 자신도 강 대리에게 배우고 싶은 것이 많으니 강 대리 근처에 자리를 마련해 달라고 부탁했다. 강 대리는 뭔가 이상한 느낌이 들었지만 윤석중의 부탁대로 옆자리에 자리를 주었다.

모난 돌은 언제나 당당하다

어느덧 시간이 흘러 퇴근 무렵이 되었다. 기획부 사람들은 모두 회사 근처 단골 호프집으로 자리를 옮겼다. 미리 예약해 둔 커다란 룸 안으로 들어가 자리를 잡았다. 간단한 안주가 나오고 맥주가 한 잔씩 돌아가자 고 부장이 건배를 제안했다.

"이렇게 한꺼번에 사람들이 많이 들어오는 걸 보니 올해는 기획부가 무슨 일을 낼 것 같은 느낌이 듭니다. 서로 도와주고 이끌며 작품 한번 만들어봅시다. 자! 기획부 파이팅!"

5년 전 잘나가던 영화 기획사에서 일하다 지금의 회사로 자리를 옮긴 고 부장은 아직도 그때의 버릇이 남았는지 작품 한번 만들어보자는 말을 입에 달고 살았다. 실제로 회사를 옮기자마자 대작을 하나 만들어냈다. 고 부장이 옮겨올 당시 회사는 사운을 건 신상품을 기획해서 전력으로 밀어붙이던 시기였는데, 예상외로 판매가 부진하여 재고가 쌓이던 때였다. 그런데 고 부장이 당시 극장을 잡지 못해 개봉을 못하고 있던 영화와 같이 프로모션을 진행하자고 제안했다. 회사의 입장에서는 과연 효과가 있을지 미심쩍었지만 고 부장이 워낙 강하게 성공할 수 있다고 주장하고, 그의 제안 외에 별다른 대책도 없었던지라 영화 마케팅을 펼치기로 했다.

고 부장은 개봉관을 잡아주고 광고를 해주는 대신 영화 광고에 상품을 같이 내보내고, 주연배우들도 적극적으로 상품 홍보 행사에 참여하도록 영화사와 계약하였다. 고 부장의 판단은 틀리지 않아서 영화가 국제영화제에서 큰 상을 받게 되었고, 영화의 주연배우들도 신인이었지만 언론의 주목을 받게 되었다.

더불어 회사의 신상품도 좋은 이미지를 얻게 되어 영화 개봉과 동시에 상품 판매에서도 큰 성공을 거두었다. 당시 과장이었던 고 부장은 그 일에 대한 공로를 인정받아 부장으로 승진되어 오늘날까지 오게 된 것이었다.

그러나 그 일 이후로 이렇다 할 실적이 없었고, 고 부장은 늘 작품 한번 만들어보자는 말을 입에 달게 된 것이었다. 그리고 일란성 쌍둥이처럼 꼭 따라다니는 말이 있었는데, 바로 '기획 예술론'이었다.

"오늘 새로 들어오는 사람들도 있고 해서 도움이 될 만한 말 한마디 해야겠군. 기획하는 사람들은 말이야, 예술적 감수성이 있어야 해. 아무리 관련 서적을 많이 읽고 공부해도 예술적 감수성이 없으면 아무 소용 없어. 기획은 창조성이 요구되는 작업이야. 따라서 예술적 감수성이 없으면 참신한 기획이 나올 수 없어. 그러니까 만날 이론서나 뒤적이지 말고 문화 활동을 열심히 해야 해. 틈나는 대로 전시회나 공연 같은 걸 보러 다니라고. 집에서 텔레비전 채널이나 이리저리 돌리고 있지 말고 말이야."

고 부장은 열심히 자신의 '기획 예술론'을 떠들어대고 있었다. 그러나 듣기 좋은 노래도 한두 번이지 귀에 딱지가 앉도록 듣는 말이다 보니, 부서원들은 고 부장의 말을 듣는 둥 마는 둥 각자 얘기 나누기에 바빴다.

고 부장도 부서원들의 태도에 익숙하다는 듯 부서원들이 듣든 말든 자신이 하고 싶은 말을 계속 이어갔다. 이제 고 부장의 말을 진지하게 듣는 사람은 신입 사원 두 명과 김나연밖에 없었다. 진지하게 듣는다기보다는 마지못해 들어주고 있다는 것이 맞는 표현일 것이다. 고 부장은 맥주를 한 모금 들이켜고 나서 모두 조용히 시킨 뒤 말을 이어갔다.

"그러니까 우리, 예술을 하는 의미에서 신입 사원 노래나 들어보는 게 어떻겠나?"

그러자 모두 기다리고 있었다는 듯 박수를 치며 노래를 재촉했다. 나혜림은 그런 분위기가 익숙하지 않은 듯 당황한 표정을 지었다. 그러자 옆에 있던 윤석중이 말했다.

"아니, 술도 별로 마시지도 않고 정신도 멀쩡한데 노래는 무슨 노래입니까? 오늘 제가 확실히 망가져 드릴 테니까 여기서 적당히 술을 마시고 노래는 노래방에 가서 부르는 게 어떻습니까? 부장님, 2차는 노래방으로 쏘시는 겁니다."

"그래, 까짓 거. 2차, 3차 뭐든지 다 쏠 테니까 재미있게만 놀아보라고. 그전에 벌주 한 잔 해야지. 노래를 시켰는데 안 했으니 말이야."

고 부장은 맥주 두 잔을 새롭게 시켜 나혜림과 윤석중에게 주고는 원샷을 권했다. 윤석중은 단숨에 맥주잔을 비워냈으나, 나혜림은 몇 모금 마신 뒤 술잔을 내려놨다. 그것을 본 고 부장이 어서 잔을 비우라고 재촉하자 윤석중이 나섰다.

"제가 흑기사 하겠습니다. 혜림 씨, 나중에 제 부탁 한 가지 들어주셔야 합니다."

윤석중은 나혜림이 대답도 하기 전에 술잔을 가져가 마셔버렸다. 고 부장은 만족해하며 김나연에게도 원샷을 권했다.

"김 과장도 어쨌든 신입 사원이니 원샷해요. 못 마실 것 같으면 흑기사를 외치든가, 아니면 노래를 한 곡 부르든가. 하하하."

모두들 김나연을 주목했다.

"죄송합니다, 부장님. 저는 이쯤에서 일어나야겠습니다. 내일 아침 일찍 요가 강습이 있거든요. 그럼, 이만 실례하겠습니다."

김나연은 달아오른 분위기에 찬물을 끼얹었다. 그리고 누가 말릴 새도 없이 자리에서 일어나 훌쩍 나가버렸다. 갑자기 분위기가 싸늘해지자 고 부장이 한마디 던졌다.

"거참, 예술의 길은 역시 멀고도 힘하구먼. 자, 김 과장 공연은 보기 힘들 것 같으니 오늘은 이쯤에서 그만 일어납시다."

고 부장의 말 한마디에 모두 씁쓸한 표정을 지으며 자리에서 일어났다. 집에 가는 사람도 있었고 한잔 더 하기 위해 자리를 옮기는 사람도 있었다. 강 대리는 집에 가기 위해 전철역으로 발걸음을 옮겼다. 전철역에 거의 왔을 때쯤 누군가 뒤에서 강 대리를 불렀다. 뒤를 돌아보니 나혜림이 서 있었다.

"강 대리님, 저랑 술 한잔 더 안 하실래요?"

마침 집에 들어가기가 어중간했던지라 강 대리는 나혜림과 역 근처 포장마차에 들어가 안주와 소주를 시켰다. 서로 잔을 채워주고 나자 나혜림이 먼저 입을 열었다.

"사실은 강 대리님께 사과할 일이 있어요."

강 대리는 의아한 얼굴로 나혜림을 쳐다봤다. 나혜림은 술잔을 비운 뒤 말을 이어갔다.

"강 대리님이 신입 사원 연수회에서 제대로 자기소개를 못했을 때, 사실은 속으로 많이 비웃었어요. 그리고 우리 팀의 팀장을 맡게 되었을 때는 팀 배정을 다시 해달라는 말이 목구멍까지 올라왔어요."

강 대리는 나혜림에게 별것 아닌 일로 사과할 필요가 없다고 말했다. 자기라도 그런 상황이었으면 똑같이 생각했을 거라며 오히려 나혜림을 위로해 주었다.

"감사해야 할 일도 있어요. 김 과장님에게 깨지고 들어왔을 때 정말 죽고 싶은 심정이었는데, 강 대리님의 위로 덕분에 마음을 가라앉힐 수가 있었어요. 그때는 정말 고마웠습니다, 강 대리님."

강 대리는 오히려 자신이 별다른 도움을 못 줘서 미안했다고 사과했다. 그리고 사실 그 일이 아직까지도 마음에 걸린다는 말도 덧붙였다. 그렇게 두 사람은 미안하다, 감사하다는 말을 안주처럼 주고받으며 술을 마셨다. 강 대리는 술이 어느 정도 오르자 속에 있는 말을 꺼냈다.

"혜림 씨도 신입 사원 연수회 때 봐서 알겠지만, 저는 잘 알지 못하는 사람이나 많은 사람들 앞에 나서면 말을 잘 못합니다. 억지로 무언가를 말하려고 하면 머릿속이 하얘지면서 말을 더듬게 되죠. 그런데 오늘은 정말 이상한 날입니다.

잘 알지 못하는 사람 앞에서도 이렇게 말을 더듬지 않고 있으니 말이죠. 물론 술이 들어가서 말이 나오나 보다 생각할 수도 있겠지만, 그건 아닌 것 같습니다. 혜림 씨를 잘 모르기는 하지만 편하게 느껴져서 그런 것 같습니다.”

나혜림은 강 대리의 말을 듣고 얼굴이 발그스름해졌다. 강 대리는 잠시 머뭇거리더니 무언가 결심한 듯 얘기를 시작했다.

“그래서 말인데요. 남 앞에서 쑥스러워하고 말 더듬는 버릇을 고치려면 아무래도 혜림 씨의 도움이 필요할 것 같습니다. 앞으로 저와 개인적으로 만나주실 수 있을까요?”

강 대리는 말을 마치고 숨을 크게 들이쉬고 나서 나혜림의 대답을 기다렸다. 나혜림은 술잔에 고정돼 있던 시선을 옮겨 강 대리를 바라보며 얘기했다.

“좋아요. 대신 사적인 자리에서는 존댓말을 쓰지 않았으면 좋겠어요. 강 대리님이 저보다 나이도 많고 직급도 높잖아요. 계속 존댓말을 쓰면 제가 불편할 것 같아요. 친해지는 데는 이 방법이 최고죠. 그것만 지켜주시면 앞으로 계속 만나드릴게요.”

강 대리는 대답 대신 손을 내밀었다. 나혜림은 강 대리가 내민 손을 잡고 가볍게 악수했다. 강 대리와 나혜림은 마지막 술잔을 비우고 작별 인사를 한 후 집으로 향했다.

다음 날 강 대리는 즐거운 마음으로 회사에 출근했다. 사무실에 가기 위해 엘리베이터를 기다리는데 뒤에서 고 부장이 불렀다.

"어이, 강 대리. 좋은 아침이야."

"아니, 부장님! 오늘은 웬일이십니까? 늘 일찍 출근하시지 않으셨습니까?"

"그게 어제 자네들과 헤어지고 따로 한잔 더 했는데, 마시다 보니 과음해서 그렇게 됐네."

아침 인사를 나누는 사이에 엘리베이터가 지하에서 올라와 멈춰 섰다. 고 부장과 강 대리는 앞서거니 뒤서거니 엘리베이터에 올라탔다. 그런데 김나연이 타고 있었다. 아침 일찍 요가 강습이 있다고 하더니 회사 지하에 있는 요가 센터에 다녀오는 모양이었다.

각자 아침 인사를 한 뒤 잠시 어색한 침묵이 흘렀다. 이윽고 고 부장이 김나연을 바라보며 입을 열었다.

"어이구, 요가가 좋긴 좋은가 봅니다. 아침부터 활기차 보여서 좋습니다. 얼굴이 발그스름한 게 혈색도 좋아 보입니다."

다분히 비꼬는 듯한 말투였다. 그러나 김나연은 아무렇지도 않다는 듯 고 부장의 말을 곧바로 받았다.

"뭘요. 혈색은 부장님이 더 좋으신데요? 얼굴이 발그스름한 게 술이 덜 깨셨나 봐요?"

고 부장은 무안한 표정을 지으며 아무 말 없이 엘리베이터 문이 열리기만을 기다렸다. 고 부장과 김 과장 그리고 강 대리가 나란히 사무실로 들어가자 사람들이 김 과장을 보며 쑤군대기 시작했다.

"저 여자 되게 뻔뻔하다. 어제 그렇게 썰렁하게 가버리고도 부장님 앞에서 고개를 뻣뻣하게 들고 들어오냐?"

"김 과장 혹시 낙하산 아니야? 믿는 구석이 있으니까 저렇게 당당하지?"

"아니야, 유학파래. 하버드 경영대학원 마치고, 외국계 회사에서 근무하다 우리 회사로 스카우트된 거래."

"어이구, 그러셔? 외국물이라고는 에비앙 생수밖에 못 마셔본 나 같은 놈은 그냥 찌그러져 있어야겠다."

김나연은 이상한 분위기를 눈치 채고 사람들에게 한마디 했다.

"할 말 있으면 뒤에서 쑤군대지 말고 앞에서 이야기하세요. 어제 회식 자리에서 있었던 일 때문에 그런 것 같은데, 솔직히 일부러 그랬습니다. 환영회면 환영회다워야지, 술 마시라고 강요하고, 억지로 노래나 시키고. 내가 술집 여자라면 몰라도 그런 분위기에서 도저히 계속 있을 수 없었습니다. 한국 기업들은 회식 문화부터 바꿔야 합니다. 전에 다니던 외국계 회사에서는 절대로 있을 수 없는 일을 여기서는 당연시 여기더군요. 앞으로도 계속 그런 분위기라면 저는 회식에 참석하지 않겠습니다."

김나연은 단숨에 쏘아붙였다. 게다가 흥분했는지 목소리 톤이 높아져 날카롭게 들렸다. 모두들 죄지은 사람처럼 한동안 말이 없었다. 속으로는 '싹수없는 여자'를 운운할 게 뻔했다. 그러나 여사원들은 그 말에 공감하는 듯했다. 그런 분위기 때문에 회식에 참석하기 싫어도 눈 밖에 나기 싫어서 마지못해 참석했던 것이다. 그런데 박상운 대리가 한마디 하려고 나섰다.

"그렇지만 과장님도 잘못이 있다고 생각합니다. 싫으면 그 자리에서 싫다고 말하면 되지, 요가 강습이 있다고 핑계 대고 빠져나갈 건 뭡니까?"

"그 자리에서 이런 불쾌한 짓을 하지 말라고 말했으면 아무 일 없었을까요? 더 기분 나빴을 겁니다. 제 딴에는 배려하는 마음에서 핑계를 댄 겁니다. 사실 요가 강습이 아침 일찍 있기도 했고요."

"그래도….."

"자자, 이제 그만 합시다. 김 과장, 언제 다시 시간 잡아서 건전하게 술 한잔 합시다. 그러면 됐지요?"

고 부장이 중간에 나서서 상황을 정리하려고 했다. 그러나 김나연은 그대로 물러서지 않았다.

"부장님, 왜 꼭 술이어야만 되죠? 술 마시지 않으면 대화가 안 되나요? 그리고….."

"아, 알았어요. 알았어. 그럼 김 과장이 회식 날짜하고 장소 잡아서 진행하도록 해요. 그럼 됐죠? 이제 그 얘긴 그만 합시다."

김나연은 무언가 더 할 말이 있는 듯했지만, 입을 다물고 자기 자리로 돌아갔다.

강 대리는 고 부장 앞에서도 당당히 할 말을 하는 김나연을 보며 참 당돌하다고 생각하면서도, 한편으로는 자신의 생각을 당당히 얘기할 수 있는 게 부럽다고 생각했다.

아침부터 한바탕 폭풍이 휘몰아쳤지만 점심때가 되자 언제 그런 일이 있었냐는 듯이 모두 오늘은 뭘 먹을까 고민하며 사무실을 빠져나갔다. 강 대리는 신입 사원들에게 점심도 사고 사원 식당 이용법에 대해 알려주기 위해 윤석중과 나혜림을 데리고 점심을 먹으러 갔다.

강 대리는 해장도 할 겸 황태 국밥을 시켰다. 나혜림 역시 같은 것을 시켰다. 둘은 식판을 들고 오다가 눈이 마주치자 멋쩍게 웃었다. 그런 모습을 옆에서 지켜보던 윤석중은 궁금하다는 듯이 강 대리에게 물었다.

"두 사람 사이에 제가 모르는 무슨 비밀 같은 게 있습니까? 왠지 저 혼자 따돌림 당한다는 느낌이 강하게 듭니다."

강 대리는 윤석중의 질문에 웃으며 대답했다.

"응, 석중 씨가 알면 안 되는 비밀이 있어. 그냥 모른 척 해 줘, 알았지?"

그리고 나혜림을 바라보며 의미심장한 미소를 보냈다. 나혜림 역시 가볍게 미소 지었다.

"석중 씨, 동기 좋다는 게 뭐예요? 그냥 모른 척해 주세요."

윤석중은 알 수 없다는 표정을 지었다. 두 사람의 말하는 폼이 농담인지 진담인지 분간이 안 갔다. 그래서 나혜림을 떠보기로 했다.

"혜림 씨, 섭섭합니다. 동기보다 강 대리님을 더 챙기는 것 같네요. 입사한 지 얼마나 됐다고 벌써부터 사내 연애를 합니까?"

"왜요? 연애하는 게 뭐 나쁜 일인가요? 그건 그렇다 치고, 설령 강 대리님과 제가 연애를 한다고 해도 왜 석중 씨가 섭섭해야 하나요?"

윤석중은 할 말을 찾지 못했다. 강 대리 역시 농담 삼아 한 얘기가 이렇게 오해를 살 줄은 몰랐다. 강 대리는 윤석중에게 상황을 설명할 필요를 느꼈다.

"석중 씨, 노, 노, 농담이야 농담. 내가 나혜림 씨에게 사, 사적으로 부탁한 일이 있는데, 남들이 알면 안 되는 것이라서 그렇게 말한 거야. 오해하지 말아줘."

강 대리는 긴장하자 말을 또 더듬기 시작했다.

"사적인 부탁이라뇨? 사적인 부탁을 하고 그걸 들어주는 사이라면 정말 수상한 사이 아닌가요? 그리고 말은 왜 더듬습니까? 뭔가 켕기는 게 있나 보죠? 그 사적인 부탁이

뭡니까?”

강 대리는 일이 점점 꼬여간다고 생각 했다. 어떻게 하면 오해를 풀 수 있을까 고민하고 있는데, 고 부장이 식판을 들고 와서 강 대리의 옆자리에 앉았다.

“무슨 일 있어? 밥 먹는데 왜 이리 심각한 표정을 짓고 있나? 밥에서 바위 덩어리라도 나왔나?”

강 대리는 고 부장의 등장이 매우 반가웠다.

“아니오, 아무 일 없습니다. 그런데 부장님께서 웬일로 사원 식당에 다 오셨습니까?”

“응, 해장하러 왔지. 사원 식당 황태 국밥이 해장에는 최고 아닌가?”

“맞습니다. 역시 부장님은 주당답게 해장에도 일가견이 있으십니다.”

“예끼, 이 사람아. 주당이라니, 누가 들으면 만날 술만 마시러 다니는 사람인 줄 알겠네. 하하하.”

“강 대리가 틀린 말 하는 것도 아니네. 자네는 꼭 술 마신 다음 날에는 사원 식당에 해장하러 들리지 않나? 그런데 요즘 식당에서 자네 얼굴 자주 보네그려.”

강 대리와 고 부장이 뒤를 돌아보니 영업부 김 부장이었다. 그리고 김 부장의 옆에 있던 이 대리가 고 부장에게 인사를 하며 강 대리를 비웃듯 바라보았다. 김 부장은 식사를 마치고 나서는 길에 고 부장을 발견하고 인사나 할 겸 아는 척한 것이었다. 김 부장과 고 부장은 회의에서 만날 티격태격 하면서도 사적인 자리에서는 마음이 잘 통하는 일종의 애증 관계였다. 김 부장은 무안해하는 고 부장을 향해 한마디 던졌다.

"요즘 예술은 잘되고 계신가? 고 부장 예술이 잘돼야 영업부도 힘을 받을 텐데, 요즘은 영 힘이 나질 않네그려."

"그게 뭐 우리 탓인가? 괜찮은 작품을 만들어도 제대로 팔지 못하는 당신네 탓이지."

김 부장은 고 부장의 말을 듣고 기분이 나쁘다는 듯이 따지고 들었다.

"하긴 괜찮은 작품을 많이 만들기는 했지. 그러면 뭐 하나? 소비자가 원하지 않는데. 자신이 보기에 좋은 것이 아니라 소비자가 보기에 좋은 것을 만들어야 하지 않는가? 소비자를 무시하고 기획하니 물건이 팔리지 않는 게 아닌가?"

고 부장과 김 부장은 또 닭이 먼저냐 달걀이 먼저냐 논쟁을 벌이기 시작했다. 강 대리는 여우를 피하려다 호랑이를 만난다고, 윤석중의 질문에서 벗어났다고 좋아했더니만 껄끄러운 논쟁에 휘말려 어떻게 해야 할지 난감하기만 하였다. 강 대리는 고 부장과 김 부장이 결론이 나지 않는 말싸움을 하고 있는 동안 윤석중과 나혜림에게 나가자고 눈짓을 보냈다. 윤석중과 나혜림이 먼저 나가고 강 대리도 뒤이어 나가려는데, 김 부장이 강 대리를 불러 세웠다.

"어이, 강 대리. 자네 한동안 뻔질나게 우리 부서에 드나들더니만 요즘은 왜 통 오지를 않나? 섭섭한 일이라도 있었나?"

강 대리는 섭섭한 일이 아니라 분노가 치미는 일이 있었노라고 말하고 싶었지만, 그저 요즘 일이 바빠서 잘 들리지 못했노라고 얼버무렸다. 그러자 옆에 있던 이 대리가 한마디 거들었다.

"쓸데없는 데 머리 굴리느라고 바빠서 그럴 겁니다. 그만 가시죠, 부장님."

강 대리는 이 대리의 빈정거림에 기분이 나빴지만 말대꾸를 해봤자 말만 길어질 것 같아 그냥 식당에서 나왔다. 식당 밖에서는 먼저 나간 윤석중과 나혜림이 강 대리를 기다리고 있었다. 강 대리는 괜히 자기 때문에 식사도 제대로 하지 못한 것 같다며 윤석중과 나혜림에게 사과했다. 세 사람은 휴게실에 들러 커피를 마시고 사무실로 돌아왔다.

얼마 지나지 않아 굳은 얼굴로 고 부장이 들어왔다. 고 부장을 바라보며 강 대리는 오늘 부장의 일진이 별로 좋지 않다고 생각했다. 아침 댓바람부터 김나연 과장과 한바탕 하고 점심때는 영업부 김 부장과 한바탕 했으니, 가뜩이나 어제 마신 술로 머리가 지끈거릴 텐데 이제는 아예 망치로 두들기는 것 같으리라 생각했다.

오늘 같은 날은 부장의 심기를 건드리지 않고 쥐 죽은 듯이 지내는 게 현명하다고 생각했다. 다른 직원들도 그렇게 생각하고 있는지 모두 숨소리도 내지 않고 일을 하고 있었다. 그러나 분위기를 결코 파악하지 못하는 사람이 있었다. 김나연이었다. 김나연은 고 부장이 자리에 앉자마자 서류를 들고 고 부장에게 다가갔다.

"부장님, 지금 업무 파악 중인데 여기 알 수 없는 게 있어서요. 그러니까….."

"김 과장, 내가 지금 머리가 좀 아파서 그런데, 나중에 물어보면 안 되겠나?"

"아니오, 부장님. 잠시면 됩니다. 여기 이 부분 좀 보세요. 작년 10월쯤 기획한 일 같은데, 기획안이 통과됐는데 왜 아직도 일이 진행이 안 되고 있는 건가요? 제가 보기에는 괜찮은 기획 같은데 문제가 있어서 보류 중인가요? 아니면 다른 이유가 있는 건가요? 혹시 시제품은 만들어보셨나요? 제가 한번 봤으면 좋겠는데….."

김 과장의 질문이 속사포처럼 이어졌다. 고 부장은 얼굴을 찌푸렸다.

"그만! 그만 해요, 김 과장. 숨 좀 쉬어가면서 한 번에 한 가지씩만 질문해요. 도대체 무슨 말을 하는지 알아들을 수가 있어야지. 그리고 목소리는 왜 그리 높은 거요? 내가 머리 아프다고 말했잖아요. 안 그래도 머리가 아파서 죽겠는데, 옆에서 속사포로 쏟아내니 꼭 드릴로 머리에 구멍을 내는 것 같구먼.”

김 과장은 그제야 말을 멈췄다. 그러나 잠시 숨을 고른 후 다시 고 부장에게 얘기하기 시작했다.

“목소리가 빠르고 높은 건 죄송합니다. 그렇다고 말하는 도중에 말허리를 끊어버릴 것은 없지 않습니까? 아침에도 느낀 거지만, 부장님은 사람 말을 도중에 자르는 나쁜 버릇이 있으신 것 같습니다.”

김 과장은 한 치의 물러섬도 없이 고 부장을 몰아붙였다. 강 대리는 김 과장의 모습을 보며 꼭 싸움소 같다는 생각을 했다. 뒤로 물러서는 것은 항복을 의미하는 것이라 절대 있을 수 없다고 생각하는 것 같았다. 김 과장이 틀린 말을 하는 것은 아니기 때문에 조금만 더 부드럽게 말하면 부장님도 너그럽게 받아들일 텐데 왜 저러나 하는 마음이 들었다.

그러나 한편으로는 젊은 나이에 이 정도 위치까지 올라서기 위해서는 그럴 수밖에 없었으리라는 생각도 들었다. 그렇게 생각하니 갑자기 김 과장이 안됐다는 생각이 들었다. 기회가 되면 김 과장에게 이런저런 말을 해주어야겠다고 마음먹었다.

또 한바탕 터지려는 순간 고 부장 책상의 전화벨이 울렸다. 고 부장은 전화를 받고 나서 급한 회의가 있으니 얘기는 나중에 하자며 회의실로 향했다. 김 과장은 어쩔 수 없다는 듯 어깨를 으쓱하고서는 자리로 돌아갔다. 강 대리는 쇠뿔도 단김에 빼랬다고, 김 과장에게 도움을 주려고 마음먹었으니 오늘 실행에 옮겨야겠다고 생각했다.

"김 과장님. 저어… 오늘 시간 있으신가요?"

"왜요?"

"아니, 그게… 드릴 말씀이 있어서요."

"그냥 여기서 말하세요."

"그게, 여기서 말씀드리기는 좀 뭣해서….'"

김 과장은 이상하다는 표정을 지으면서도 무슨 얘기를 할지 궁금한 마음에 퇴근 후에 만나기로 약속을 했다.

'아'와 '어'는 엄연히 다르다

한편, 회의실에 들어간 고 부장은 오늘은 정말 일진이 좋지 않은 날이라고 생각하며 왠지 회의에서도 안 좋은 일이 생길 것 같은 느낌이 들었다. 아니나 다를까, 사장은 회의에서 작년 매출 부진에 대해 책임을 추궁했다. 첫 번째 화살은 영업부에 꽂혔다.

"김 부장, 작년 하반기에 중요한 거래처 한 곳이 떨어져 나갔는데, 어떻게 된 일인가?"

영업부 김 부장은 올 것이 왔구나 하는 표정으로 대답했다.

"네, 우리와 경쟁하고 있는 신흥물산에서 비슷한 제품을 만들어 헐값에 파는 바람에 그렇게 됐습니다."

"아무리 그래도 그렇지. 어차피 카피 상품 아닌가? 우리 제품과는 질적으로 다르다는 것을 어필했으면 그런 일이 없었을 것 아닌가?"

"네, 그런 점을 강조했습니다만 아무래도 불경기이다 보니 제품 단가에 더 관심이 있었던 것 같습니다. 신흥에서 우리 제품의 70퍼센트 가격으로 납품하겠다고 했답니다. 그러면서 우리에게 가격을 비슷하게 맞춰주면 계속 거래하겠다고 했지만, 도저히 그 가격은 맞춰줄 수가 없었습니다."

김 부장은 아직 쌀쌀한 날씨임에도 불구하고 땀을 뻘뻘 흘리며 대답했다. 김 부장의 말에 한 상무가 토를 달았다.

"김 부장, 내가 그 거래처에 아는 사람이 있어서 물어봤는데 가격 문제는 아닌 것 같던데?"

"네? 무슨 말씀이신지?"

"그 사람 말로는 구매 담당자가 김 부장 때문에 굉장히 불쾌했다고 하던데? 도대체 무슨 일이 있었던 건가?"

"글쎄요, 아무리 생각해 봐도 불쾌해할 만한 일이 없었는데요. 제품 설명도 상세히 해드렸고, 접대도 소홀히 한 적이 없는데….."

"아무튼 무엇 때문에 불쾌해했는지 이유를 알아봐요. 그리고 원인을 분석해서 똑같은 실수를 되풀이하지 않도록 하세요."

김 부장은 그나마 한 상무 때문에 더 이상 책임 추궁을 당하지 않고 넘어가게 됐다고 생각했다. 그리고 한 상무 말대로 정확한 원인을 알게 되면 실수를 되풀이하지는 않을 것이라 생각했다. 사실 요즘 들어 중요한 거래처들이 이상한 움직임을 보이고 있기는 했다. 특히 자신이 중요한 거래처를 직접 챙기면서 부터이기 때문에 김 부장도 위기의식을 느끼고 있었다.

다음 화살은 고 부장에게 날아왔다.

"고 부장, 요즘 기획력이 예전 같지 않아? 전에는 가끔씩 큰 거 한 방 터뜨리더니만 요즘은 영 신통치 않으니 말이야. 이제 슬슬 보여줘야 할 때라는 생각이 들지 않나?"

고 부장은 마땅히 대답할 말이 없었다. 어떻게 보면 가장 답답한 사람은 고 부장 자신일 것이다. 예전보다 감각이 떨어지는 것도, 의욕이 없는 것도 아닌데 이상하게 이렇다 할 기획을 못 내놓고 있는 것이었다.

물론 대박을 터뜨리지 못해서 그렇지, 몇몇 상품들은 평년작 정도는 되었다. 그러나 현상유지만 해서는 회사가 유지될 수 없다. 강렬한 인상을 주는 상품이 나와야 나머지 상품들도 매출이 오르고 회사가 한 단계 더 성장할 수 있는 것이다. 고 부장은 솔직하게 대답했다.

"사실 요즘 저도 고민입니다. 수면으로 올라가려고 하는데, 무언가가 발목을 잡고 있는 느낌입니다. 사장님께서도 그런 분위기를 쇄신하라고 김 과장을 스카우트해 온 것이라 생각합니다. 신입 사원도 둘이나 들어오고 했으니, 이번 기회에 새로운 마음으로 참신한 기획을 하도록 노력하겠습니다.”

이렇게 각 부서의 문제점들을 짚어가다 보니 회의가 상당히 길어졌다. 퇴근 시간이 가까워서야 회의가 끝났다. 이런 회의를 하고 나면 몸과 마음이 모두 지치기 마련이었다. 고 부장은 사무실로 돌아와 급한 일만 처리하고 일찍 퇴근하려고 마음먹었다. 고 부장이 대강 일을 마무리하고 책상을 정리한 뒤 퇴근하려고 할 때 전화벨이 울렸다. 김 부장에게서 온 전화였다.

“고 부장, 점심때는 내가 미안했네. 사과하는 의미로 술 한잔 사고 싶은데 괜찮겠나?”

고 부장은 집에 일찍 들어가고 싶었지만 김 부장과 술 한잔 한 지도 꽤 됐다 싶어 승낙했다.

고 부장과 김 부장은 회사 근처 술집에 들어가 자리를 잡았다. 맥주를 한 모금 마신 뒤 김 부장이 얘기를 꺼냈다.

“사실은 좀 답답한 일이 있어서 보자고 그런 걸세.”

고 부장은 예상하고 있었다는 듯이 고개를 끄덕였다.

“오늘 회의가 끝나자마자 중요 거래처 구매 담당자에게 전화를 했다네. 그런데 예상 밖의 얘기를 들었어. 나와 만났던 날 상당히 자존심이 상했다는 거야.”

“아니, 왜? 자네가 잘못한 것은 없다고 하지 않았나?”

“알고 보니 전혀 예상치 못했던 곳에서 마음이 상했더군.”

“그래? 무엇 때문에 마음이 상했는데?”

“그게 말이지, 내가 신흥물산의 제품과 우리 회사 제품을 비교하면서 설득할 때 자존심이 상한 것 같아. 어떻게 보면 우리 회사 제품에 너무 자부심을 갖고 있었기 때문이었는지도 모르지.”

“그렇게 빙빙 돌리지 말고 어서 말해 보게.”

“내가 구매 담당자에게 신흥물산의 제품이 단가가 싸기 때문에 당장은 이익이 될지 모르지만 장기적으로는 클레임이 발생할 것이 눈에 보이듯 뻔하니 계속 우리 회사 제품을 구입하는 것이 이익이라고 말했는데, 그쪽에서는 내 말을 상당히 강압적으로 받아들인 것 같아.”

고 부장은 잠시 생각에 잠겼다.

“음, 내 생각에는 확실히 자네가 잘못한 것 같네. 그 정도 회사의 구매 담당자라면 어느 제품을 선택하는 것이 회사에 이익인지 확실히 알고 있었을 것이네. 자네에게 뭔가 더 얻어내기 위해 자꾸 신흥물산 쪽의 단가 얘기를 꺼냈을 거야. 그런데 자네는 담당자가 아무것도 모른다고 생각하며 우리 회사 제품을 구입하는 것이 당연하다는 듯이 결론을 내렸으니, 자신이 아마추어 취급을 받는다고 생각했을 게 틀림없네. 나 같아도 자존심 상했을 거야.”

김 부장은 씁쓸한 표정을 지었다.

"내가 너무 안이하게 생각했던 것 같네. 현장에 오랫동안 나가지 않아서 감각이 떨어졌던 것 같네. 부하 직원들 볼 면목이 없네."

김 부장은 한숨을 쉬며 고개를 떨어뜨렸다. 고 부장은 김 부장에게 걱정하지 말라는 듯 미소를 지으며 말했다.

"너무 걱정하지 말게. 아까도 얘기했지만 그 구매 담당자는 어느 쪽을 선택하는 것이 회사에 이익이 되는지 알고 있는 사람이야. 그러니 지금도 늦지 않았네. 그쪽에서 만족할 만한 조건을 다시 제시해 보게. 못 이기는 척 다시 우리 회사 제품을 구입할 걸세."

"정말 그럴까?"

"틀림없네. 자네가 결론을 내리는 게 아니라 그쪽에서 선택하게 한다면 말일세."

"고맙네. 자네의 조언을 들으니 다시 힘이 솟는 것 같네. 그래, 그건 그렇고. 자네는 요즘 별 문제 없나?"

"나라고 왜 문제가 없겠나. 실은 나도 최근에 골치 아픈 문제가 생겼다네."

"그래, 뭔가?"

"윗사람에게 시달리는 것은 참겠는데, 아랫사람에게 시달리는 것은 생각보다 골치 아프더군."

"왜? 말 안 듣는 부하 직원이 있나?"

"그게 말이야, 이번에 새로 우리 회사로 스카우트되어 온 사람이 있는데 말이야."

"아, 김나연 과장 말하는 거로구만."

"그래, 그런데 말이지. 어, 호랑이도 제 말 하면 온다더니 저기 오는군."

김 부장이 뒤를 돌아보니 김 과장과 강 대리가 술집에 들어오는 것이 보였다. 김 부장이 그들을 부르려고 하자 고 부장이 가로막고 나섰다.

"조용히 나가세. 오늘은 더 이상 김 과장과 마주치고 싶지 않네."

고 부장과 김 부장은 김 과장과 강 대리가 자리를 잡자 조용히 자리에서 일어나 술집을 나왔다. 김 과장과 강 대리는 그런 사실은 까맣게 모른 채 자리를 잡고 앉아 얘기를 나눴다.

"하고 싶은 말이 뭐예요?"

김 과장은 자리에 앉자마자 이유를 물어봤다.

"단도직입적으로 말씀드리겠습니다. 다름이 아니라, 김 과장님이 한 발짝만 물러나면 아무 일 없을 문제를 가지고 너무 강하게 나가는 게 아닌가 해서요."

"제가 뭘요? 뭐가 강하다는 거죠?"

"아니, 그게 지금도 그렇지 않습니까? 그렇게 따지듯이 애기하는 거 말입니다."

"그거야 강 대리님이 말도 안 되는 소리를 하니까 그렇죠. 제가 틀린 말을 하는 것도 아니고, 미리 숙이고 들어갈 게 뭐 있어요?"

"김 과장님이 잘못했다는 게 아니라 좀더 부드럽게 말을 하면 좋지 않을까 하는 겁니다."

"잘못한 게 없는데, 왜 그래야 하죠?"

강 대리는 난감했다. 뭔가 잘못된 것은 알겠는데, 그걸 제대로 설명할 수가 없었다. 답답한 마음에 맥주를 벌컥벌컥 들이켜고 좀더 직접적으로 애기했다.

"아무리 잘못한 게 있어도 부하 직원이 대들듯이 말하는 걸 좋아할 상사는 없습니다. 아니, 꼭 직장 상사가 아니라도 자신을 몰아붙이는 사람을 좋아할 사람은 아무도 없습니다."

김 과장은 억울하다는 듯이 입술을 지그시 깨물었다. 그리고 평소와 달리 나직한 목소리로 애기했다.

"강 대리님도 똑같군요. 어디에서도 저를 제대로 봐주는 사람은 없어요. 다들 여자가 잘나봤자 여자지, 나서긴 어딜 나서? 그런 태도로만 바라봐요. 강 대리님 역시 빙빙 돌려서 말했지만 별반 다르지 않은 것 같아요. 술 잘 마셨습니다. 계산은 제가 할게요. 먼저 일어나겠습니다."

강 대리는 김 과장을 붙잡을 수가 없었다. 김 과장 말대로 한편으론 그런 생각을 하고 있었는지도 모른다는 생각을 했다. 그러나 한편으로는 억울한 마음도 들었다. 오늘 김 과장에게 결코 그런 의도로 이야기한 것이 아니었기 때문이다. 자신의 생각을 제대로 전달하지 못한 게 잘못이라면 잘못일 뿐이었다.

강 대리는 술집을 나와 전철역으로 힘없이 걸어갔다. 요즘 자신에게 변화가 오는 듯해서 기분이 좋았는데, 오늘 이런 일을 겪고 보니 다시 우울한 옛날로 돌아가는 느낌이 들었다. 밧줄이 꼬였다면 매듭부터 찾아 풀어야 하는데, 그 매듭이 보이지 않았다. 오늘따라 바람이 차갑게 느껴졌다. 아직 꽃샘추위가 가시지 않은 것 같았다. 그런데 전철역에 다다랐을 때쯤 강 대리는 문득 이런 생각을 했다.

‘어? 그러고 보니 김 과장과 얘기할 때 말을 더듬지 않았잖아? 어찌 된 일이지? 결코 편한 사람은 아닌데….’

3 | 말하기도 능력이다

봄바람이 불기 시작하다

완연한 봄이 되었다. 길가에는 개나리꽃이 만발하고 나무들은 새싹을 틔우기 바빴다. 우중충한 회색의 도시가 어느새 싱그러운 녹색으로 옷을 갈아입고 있었다. 봄이 오자 사람들의 표정도 한층 밝아진 것 같았다. 아무리 삭막한 세상이라지만 따사로운 봄볕에도 우울할 사람은 없을 것이다. 긴 겨울 끝에 오는 봄은 사람들의 마음을 왠지 모를 기대감으로 설레게 만들고 있었다.

그러나 윤석중은 다른 사람들과 달리 계절을 거꾸로 느끼고 있었다. 신입 사원 연수 때 나혜림을 처음 본 윤석중은 두근거리는 마음을 진정시킬 수 없었다. 대기업은 아니지만 상장 100대 기업 안에 드는 회사에 취직한 데다 자신의 이

상형까지 발견한 윤석중은 인생의 봄날이 시작된 듯한 느낌이 들었다. 게다가 자신이 속한 팀이 우승해서 원하는 부서를 골라서 갈 수 있었을 때는 정말 뛸 듯이 기뻤다. 나혜림이 발령받은 기획부를 지원해서 같은 부서에서 근무할 수 있게 되자 모든 준비는 끝나고 사귀는 일만 남았다고 생각하고 있었다.

그러나 인생의 봄날은 거기까지였다. 나혜림은 늘 강 대리 곁에 붙어서 떨어질 줄을 몰랐다. 기획부 직원들은 나혜림을 보며 강 대리 껌 딱지라고 수군댔다. 그러나 정작 당사자들은 그런 사실을 아는지 모르는지 사람들의 시선은 아랑곳하지 않고 늘 붙어 다녔다. 도무지 끼어들 틈이 없었다. 윤석중의 마음에는 한겨울 칼바람만이 쌩하니 불고 있었다.

윤석중은 아무리 생각해 봐도 자신이 강 대리보다 못한 것이 없는데, 왜 나혜림이 눈길 한번 주지 않는지 이해가 가지 않았다. 윤석중은 혹시라도 자신이 강 대리보다 못한 부분이 있는지 꼼꼼히 따져봤다.

강동운: 34살 노총각. 키 173cm. 외모 평범. 말을 더듬음.

    자기 소유의 차량과 집 없음.

    아직도 부모님께 얹혀살고 있음.

윤석중: 28살 팔팔한 20대. 키 180cm. 외모 준수.

입사와 동시에 준중형차 구입.

자기 소유의 집은 없으나 부모님께 꼬박꼬박 생활비를 드리며 살고 있음.

역시 강 대리에게 꿀리는 부분은 전혀 없었다. 대학에 다닐 때도 여자들이 벌떼처럼 달려들었던 윤석중이었다. 이럴 줄 알았으면 괜찮은 여자 하나 사귀어두는 건데, 취직 준비하느라고 모두 뿌리쳤던 게 지금 와서 후회되었다.

그러나 이대로 물러설 수는 없었다. 강 대리에게 일을 배우고 있기는 하지만, 일은 일이고 사랑은 사랑이다. 윤석중은 우선 나혜림과 개인적으로 만날 기회를 만들어봐야겠다고 생각했다. 윤석중은 나혜림에게 메신저로 대화를 신청했다.

"혜림 씨, 얼마 안 있으면 여의도 윤중로에 벚꽃이 만발할 텐데 꽃구경 가지 않으실래요?"

"제가 요즘 바빠서요. 죄송해요."

"에이, 그렇게 바쁜 일 없는 걸로 아는데. 그러지 말고 이번 주 일요일에 구경 갑시다."

"정말 바빠서 그래요. 미안해요."

"그럼, 제가 일 좀 도와줄 테니까 시간 좀 내주세요."

"그렇게 폐를 끼칠 수는 없어요."

윤석중은 아껴두었던 히든카드를 꺼낼 필요를 느꼈다.

"혜림 씨, 예전에 신입 사원 환영회 때 제가 흑기사 했던 것 기억하세요?"

"예, 그런데요?"

"아직 제 부탁 들어주지 않으셨잖아요? 그거 써먹을 테니 꽃구경 갑시다."

"뭐, 할 수 없죠. 그렇게 해요."

나혜림은 마지못한 듯 허락했다. 윤석중은 과정이야 어떻든 나혜림과 단둘이 있을 기회를 잡은 것에 대해 만족했다. 이제 남은 것은 그날 어떻게 자신의 매력을 나혜림에게 보이는가 하는 것이었다. 윤석중은 즐거운 고민에 빠졌다. 그때였다.

"윤석중 씨, 어제 제가 부탁한 자료 정리 다 됐나요?"

김 과장이 윤석중을 바라보며 말했다. 그러나 윤석중은 멍하니 생각에 잠겨 있느라 김 과장의 말을 듣지 못했다. 김 과장은 다시 소리를 빽 질렀다.

"윤석중 씨! 자료 정리 다 됐냐고요?"

그제야 윤석중은 김 과장을 바라봤다.

"예, 다 됐습니다. 여기 있습니다."

"정신 좀 챙기세요. 뭐가 그렇게 좋아서 헤벌쭉하고 있어요?"

김 과장이 한마디 쏘아붙이고는 서류를 받아 갔다.

'저놈의 성질머리 하고는…. 저러니 아직도 노처녀에 애인

도 없지. 나혜림 좀 본받아라. 얼마나 상냥하고 부드럽냐?’

윤석중은 늘 웃음 띤 얼굴로 사람들을 대하는 나혜림과 항상 인상만 쓰는 김 과장을 속으로 비교하며 오늘따라 나혜림이 더욱 예뻐 보인다고 생각했다.

강 대리는 아침부터 까칠한 김 과장을 보며 그때 잘 알아듣게 설명했으면 좋았을 걸 하고 생각했다. 김나연 과장은 일은 잘했지만 사람들과 관계가 원만하지 못했다. 아니, 일을 너무 잘하는 게 문제였다.

김 과장은 자신이 계획한 일정에 사람들이 따라오지 못하면 화를 냈다. 그러나 기계가 아닌 이상 늘 정확하게 일을 마칠 수는 없는 법이었다. 김나연 과장은 그런 것을 용납하지 못했다. 일정에 차질이 생기거나 일처리가 마음에 들지 않으면 그 자리에서 잘못을 지적했다. 부서원들은 어쨌든 자신들이 잘못한 것이기에 앞에서 대놓고 대들지는 못했지만, 뒤돌아서서는 바늘로 찔러도 피 한 방울 나오지 않을 여자라고 수군댔다.

그러나 강 대리는 김 과장이 그런 여자가 아니라고 생각했다. 그날 술집에서 김 과장의 그늘진 모습을 본 강 대리는 김 과장에게 뭔가 사연이 있을 거라고 생각했다. 그렇게 생각할수록 그때 설명을 잘 못했던 것이 마음에 걸렸다. 강 대리는 다시 한 번 김 과장과 대화를 나눌 기회를 만들어봐야겠다고 마음먹었다.

우선 장소는 그때처럼 술집이 아니라 좀더 밝은 장소였으면 좋겠다고 생각했다. 아무래도 어두운 곳보다는 밝은 곳이 사람의 마음을 부드럽게 만들지 않을까 하고 생각한 것이다. 그래서 봄도 무르익었고 하니 밖에서 따뜻한 봄바람을 맞으며 얘기를 하는 것도 괜찮겠다고 생각했다. 그리고 이왕 밖에서 얘기할 거, 벚꽃 구경을 하면서 얘기하면 일석이조일 것 같았다.

여기까지 생각이 미치자 강 대리는 벌써 반쯤은 김 과장을 설득하는 데 성공한 듯한 기분이 들었다. 다음은 약속을 어떻게 잡느냐 하는 것인데, 이것이 골치가 아팠다. 앞에서 대놓고 얘기하자니 다른 사람들의 시선이 신경 쓰이고, 그렇다고 메신저로 대화하자니 김 과장은 업무 시간에 메신저로 대화하는 사람들을 제일 경멸하기 때문에 그것도 안 될 일이었다.

그렇다면 이메일을 이용하는 수밖에 없었다. 그러나 가장 중요한 게 빠졌다. 자신과 김 과장이 만나야만 하는 이유를 만들어내는 것이었다. 그런데 그 문제를 고 부장이 자연스럽게 해결해 주었다. 간부회의를 마치고 돌아온 고 부장이 부서원들을 모아놓고 간단히 미팅을 했다.

"오늘 회의에서 요즘 침체되어 있는 회사 상황을 어떻게 하면 바꿀 수 있을 것인가에 대해 의논했는데, 사원들을 해외에 연수 보내자는 의견이 나왔다네. 그러나 회사 사정상

전 직원을 모두 보낼 수는 없어서 그런 경험이 가장 필요한 부서의 사원들을 먼저 보내자고 결정이 났는데, 그게 기획부라네. 그래서 말인데, 이렇게 보자고 한 것은 누구를 연수 보낼 것인가 결정하기 위해서야."

부서원들은 고 부장의 말을 듣고 모두 기대에 부풀었다. 윤석중이 질문했다.

"연수를 떠날 나라는 어느 나라인가요?"

"우리와 경제적 상황이 비슷한 일본일세."

"연수를 떠날 사원을 뽑는 기준은 무엇인가요?"

고 부장은 잠시 뜸을 들인 뒤 대답했다.

"특별한 기준은 없지만, 여러분들에게 의견을 구하기 전에 내가 생각해 둔 사람들이 있는데 말해도 괜찮을지 모르겠네."

잠시 부서원들의 표정을 살핀 뒤 고 부장은 자신의 생각을 말했다.

"우선, 김 과장이 가줬으면 하네. 아무래도 해외 유학 경험도 있고 외국계 회사에서 근무한 적도 있으니, 예상 외의 상황이 생겼을 때 잘 대처할 수 있으리라 생각하네. 그리고 강 대리도 갔으면 해. 회사에 입사한 지도 꽤 됐고 앞으로 김 과장과 함께 기획부의 중심축이 될 사람이니까 말일세. 그리고 윤석중 씨와 나혜림 씨도 같이 같으면 좋겠네. 신입 사원들에게 좋은 경험이 될 테니까. 이상!"

사인사색, 수만 가지 생각이 섞이다

실망하는 부서원들도 있었지만 대체로 고 부장의 의견에 수긍하는 분위기였다. 별다른 이의가 없자, 사원 연수를 갈 사람들은 고 부장의 의견대로 정해졌다. 그렇게 결정이 나자 강 대리는 김 과장을 따로 만날 수 있는 좋은 구실이 생겼다고 생각했다. 그래서 당장 김 과장에게 이메일을 썼다.

"김 과장님, 일본 연수 문제로 상의할 일이 있습니다. 회사 안에서는 연수 못 가는 부서원들의 눈도 있고 하니 따로 밖에서 만났으면 합니다. 이왕이면 날씨도 좋은데 꽃구경이나 하면서 얘기 나누죠? 이번 주 일요일쯤이면 여의도에 벚꽃이 만발할 것이라고 합니다. 특별한 일 없으면 일요일에 여의도에서 만났으면 좋겠습니다."

강 대리가 이메일을 보낸 지 얼마 지나지 않아 답신이 왔다. 답장은 매우 간단했다.

"좋아요. 일요일에 봐요. 오전에는 교회에 갔다 와야 하니 12시쯤 전철역에서 보기로 해요."

강 대리는 의외로 선선히 만나자고 하는 김 과장이 고맙게 여겨졌다. 그리고 자신도 모르게 히죽 웃고 있었다. 옆에서 그 모습을 바라보던 나혜림이 강 대리에게 나직이 속삭였다.

"일본 연수 가는 게 그렇게 좋으세요? 저도 좋아요. 강 대리님과 같이 가니 더 좋네요."

강 대리는 속으로 뜨끔했다. 요즘 들어 강 대리와 나혜림의 관계에 대해 이상한 소문이 돌고 있는 것을 강 대리도 알고 있었다. 그래서 최근에는 나혜림과 같이 다니거나 얘기 나누는 것을 자제하고 있었다. 물론 나혜림과 사적으로 만나면서 어느 정도 말 더듬는 버릇을 고치기도 했다. 그렇기 때문에 나혜림에게 고마우면서도 미안했다. 더 이상 나혜림에게 신세를 질 수는 없었다. 이런 상태로 계속 지내다가는 이상한 소문이 날 것이 분명했기 때문이다. 아직 앞길이 창창한 꽃다운 25살 아가씨가 34살 노총각과 이상한 소문이 나다니, 절대로 있을 수 없는 일이었다. 강 대리는 나혜림과 거리를 둘 필요를 느꼈다.

"일본 연수 때문에 그런 것이 아니라, 다른 좋은 일이 있어서 그래요. 신경 쓰지 말고 하던 일 계속하세요."

강 대리는 그렇게 말하고는 이내 나혜림에게서 시선을 거두고 일에 몰두하기 시작했다. 나혜림은 강 대리가 야속하게만 느껴졌다. 얼마 전까지만 해도 늘 같이 붙어 다녔는데, 최근 들어 강 대리의 태도가 조금 이상해졌다. 왠지 의식적으로 자신을 멀리한다는 생각이 들었다. 자신이 잘못한 게 있나 곰곰이 생각해봐도 그런 일은 없었다. 자신도 강 대리처럼 무시하고 살면 되지 않나 생각해 봤지만, 쉽지 않은 일이었다. 나혜림의 마음은 이미 강 대리에게로 기울어져 있었기 때문이다.

나혜림이 강 대리를 처음부터 좋아했던 것은 아니었다.

신입 사원 연수 때 강 대리가 자기소개조차 제대로 하지 못할 때는 다른 사람들처럼 '뭐 저런 사람이 다 있어?'하는 마음이었다. 그러나 같은 팀이 되어 일을 해결해 나가면서 강 대리가 보기와는 달리 사람들을 잘 챙기고 일도 열심히 한다는 생각을 갖게 됐다. 특히 신상품을 발표하면서 김 과장에게 신랄하게 깨졌을 때 강 대리가 자신의 잘못인 양 감싸주는 모습을 보고 따뜻한 사람이라는 인상을 받았다. 호감을 갖고 있던 중에 기획부로 발령이 나고 강 대리의 부탁으로 사적인 자리에서 몇 번 만나게 되면서 강 대리의 꾸밈없는 모습에 빠져들게 되었다. 다른 사람들은 강 대리를 아무것도 볼 것 없는 노총각이라고 하지만, 나혜림은 계산적이고 이기적일 수밖에 없는 조직 사회 내에서 남을 먼저 배려하고 일에 대한 순수한 열정을 지닌 강 대리가 그 누구보다도 멋져 보였다.

그래서 이제나저제나 강 대리가 사귀자고 고백하기를 기다리고 있었는데, 고백은커녕 쌀쌀맞은 태도를 보이니 여간 섭섭한 것이 아니었다. 상당히 마음이 잘 맞는다고 생각하고 있었는데, 자신만의 착각이었다는 생각도 들었다. 한편으로는 차라리 자신이 먼저 고백할걸 그랬나 하는 후회도 들었다. 아무튼 여러 가지로 머리가 복잡한 데 윤석중마저 자꾸 귀찮게 하니 요즘 같아서는 회사 다닐 맛이 나지 않았다.

차라리 김 과장처럼 좋으면 좋다, 싫으면 싫다고 똑 부러지게 태도를 취했다면 이런 괴로움은 없었을 것이라는 생각도 들었다. 그런 마음이 들자, 언제 김 과장과 따로 만나서 진지하게 얘기를 나눠보고 싶다는 생각이 들었다. 그래서 자기도 모르게 김 과장을 쳐다보았는데, 때마침 김 과장도 자신을 쳐다보고 있었다. 시선이 마주치자 나혜림은 멋쩍게 웃으며 슬그머니 김 과장의 눈길을 피했다. 왠지 자신의 속마음을 들켜버린 것 같은 생각이 들었기 때문이다.

김 과장은 자신의 눈길을 피하는 나혜림을 보며, 여자의 적은 여자라는 말이 전혀 틀린 말이 아니라고 생각했다. 김 과장은 아무에게나 헤헤거리는 나혜림을 이해할 수가 없었다. 저러니 여자라고 얕보이고 정당한 평가를 못 받는 것이 아닌가. 게다가 자신은 냉철하게 사람들을 대하고 있는데, 나혜림은 모두에게 잘해 주니 자연스레 두 사람을 일이 아니라 성격적인 측면에서 평가했다.

김 과장은 그것이 싫었다. 여자가 아닌 한 사람의 조직원으로서 평가를 받고 싶었다. 그런데 나혜림이 그걸 망쳐놓고 있었다. 아직 회사에 들어온 지 얼마 되지 않아 상황 파악을 제대로 못하고 있다손 치더라도, 김 과장이 생각하기에 그 정도가 심한 것 같았다. 특히 강 대리 옆에 찰싹 붙어서 꼬리를 치고 있는 것을 보면 공과 사를 구분하지 못하는 여자라는 생각마저 들었다. 김 과장은 언제 진지하게 나혜림과 따로 얘기를 나눠봐야겠다고 생각했다. 그리고 강 대리에게도 연애하는 것은 좋지만 회사에서 노골적으로 붙어 다니지 말라고 주의를 줘야겠다고 생각했다. 그런데 때마침 강 대리가 자신에게 따로 만나자고 해서 잘됐다고 생각했다. 일본에 가기 전에 깔끔히 정리하고 가야지 일에만 집중할 수 있기 때문이었다.

그리고 또 한 사람 정말로 마음에 안 드는 사람이 한 명 있었다. 오늘도 정신은 안드로메다로 보내고 멍하니 앉아 있는 꼴이라니. 윤석중이 정말로 입사시험에서 1등을 했는지 의심스러웠다. 정신을 빼놓고 다니는 것은 참아준다 하더라도 매사에 부정적인 것만은 도저히 참아주기 힘들었다. 윤석중은 무언가 시키려고 하면 "어렵겠는데요", "그건 아닌 것 같은데요", "그 일은 시간 낭비일 뿐입니다" 등등 일단 딴죽부터 걸고 봤다. 김 과장은 윤석중에게 "네, 한번 해보겠습니다"라는 말을 한 번이라도 들었으면 소원이 없겠다고 생각했다.

그러고 보니 이상한 점이 있었다. 이번 일본 연수는 자신이 껄끄럽게 여기고 있는 사람들만 가는 것이다. 왠지 고 부장이 자신을 골탕 먹이려고 일부러 그런 것 같다는 생각이 들었다.

고 부장은 자신을 째려보고 있는 김 과장을 보며 오늘은 또 뭐가 마음에 안 들어서 저러나 하고 생각했다. 고 부장은 요즘 사무실 분위기가 묘하게 돌아가고 있는 것이 은근히 신경 쓰였다. 부서원들은 강 대리와 나혜림의 관계에 대해 쑤군대고, 그렇게 활기차던 윤석중은 요즘 들어 의기소침해 있고, 김 과장은 곁에 가기만 해도 찬바람이 쌩쌩 부니, 이러다가는 조만간에 대형 사고가 터지지 않을까 하는 불안감이 생겼다. 그래서 부서원들 앞에서는 여러 가지 이유를 대며 네 사람을 일본에 보내자고 추천했지만, 사실 사고가 나기 전에 방지하고자 하는 의미가 컸다. 넷이 같이 낯선 곳에서 지지고 볶다 보면 저절로 동료애가 싹틀 것이라 생각했다.

고 부장은 일적인 측면 이외의 것에까지 신경 써야 하니 관리직이 힘든 위치라고 생각했다. 고 부장을 더 힘들게 하는 것은 이렇게 신경을 쓰는데도 부서원들은 자신을 어렵게 생각하고 자신과는 커뮤니케이션이 잘 안 될 것이라 지레짐작하고 있다는 점이었다. 그래서인지 회의 시간에 부서원들이 의견을 잘 내놓지 않고 주로 자신이 내놓은 의견으로 결정되는 경우가 많았다. 그나마 김 과장이 들어온 뒤부터는 조금 나아지기는 했으나 여전히 자신의 의견에 반론을 제기하는 사람은 김 과장뿐이었다.

고 부장은 그래서 영업부 김 부장이 부러웠다. 최근 실적이 안 좋다고 지적을 받고 있기는 하지만 부서 분위기만큼은 굉장히 좋았다. 영업부 직원들은 김 부장과 스스럼없이 잘 어울리는 것 같았다. 물론 그렇다고 해서 김 부장을 무시하거나 깔보는 것은 아니었다. 친하면서도 지킬 것은 서로 지켜주고 있었다. 쉽게 말해 김 부장은 부서원들에게 삼촌 같은 존재였다. 아버지처럼 엄격하지도, 그렇다고 형제처럼 가깝지도 않게 적당한 거리를 두고 푸근하게 부서원들을 감싸주는 스타일이었다. 그래서 영업부 직원들은 아무리 사소한 일이라도 김 부장과 의논해서 해결해 나갔다. 김 부장 말대로, 기획이 잘 된 상품이 하나 나오기만 하면 언제든지 히트시킬 수 있는 힘을 영업부는 지니고 있었다.

때로는 경쟁자의 충고가 정답이다

고 부장은 김 부장에게 부서원들을 관리하는 노하우를 배울 필요가 있다고 생각했다. 그래서 퇴근 후에 김 부장과 만나기 위해 전화를 걸었다.

"김 부장, 고 부장인데, 오늘 바쁜 일 없으면 좀 만날 수 없겠나?"

제 때 대 답 하 기

상대가 하는 말에 제때 대답하지 않는 습관이 있다면 반드시 고쳐야 한다. 대답하기 곤란한 질문이거나 귀찮아서 대답하기 힘들다면 최소한 예, 아니오 정도는 이야기하도록 한다.

그러나 대답은 성의 있게 해야 한다. 남의 말에 대답을 안 하거나 건성으로 "글쎄" "그러게" "응" "잘 모르겠네" 식으로 대답하는 습관은 상대방을 답답하게 만들고 주관이 없는 느낌을 줄 수 있다.

"그래, 나도 고 부장에게 상의할 일이 있었는데 마침 잘 됐네. 자네가 좋아하는 동태찌개 잘하는 집을 알아놨으니 오늘은 거기서 보도록 하세."

"정말인가? 자네 말대로 맛이 괜찮으면 오늘은 내가 쏘겠네."

"그 말 꼭 지켜야 하네, 하하하."

두 사람은 회사 앞에서 만나 동태찌개를 먹으러 갔다. 고 부장은 동태찌개 맛을 보고 나서 오늘 계산은 자신이 해야겠다고 생각했다. 김 부장 말대로 얼큰하고 개운한 동태찌개였다. 맛있는 음식을 먹으니 얘기도 잘 풀릴 것 같았다. 김 부장이 먼저 말을 꺼냈다.

"만나자는 말은 자네가 먼저 꺼냈지만, 우선 내 얘기부터 들어주게. 워낙 급한 일이라…."

"그렇게 하지. 내가 상담하고 싶은 것은 그렇게 급한 것이 아니니. 그래, 급하다는 일이 뭔가?"

"전에 중요 거래처 구매 담당자 건으로 자네에게 상의한 적이 있지 않나? 자네 말대로 했더니 그쪽에서 정말로 반응을 보이더군. 그런데 그쪽에서 내건 조건이 우리가 들어주기에는 부담스러운 조건이라서 말이지."

"어떤 조건인데?"

"자네도 알다시피 신흥물산 쪽에서 우리가 납품하는 가격의 70퍼센트 선에서 제품을 납품하겠다고 했지 않나? 그

래서 그쪽에서는 신흥물산 정도는 아니더라도 80퍼센트 선
까지는 낮춰달라고 하네. 그렇게까지 낮춰서는 도저히 수익
이 나질 않네."

"그럼 할 수 없지 않나. 손해 보는 거래를 할 수는 없으니
말이야. 아쉽지만 거래는 없던 일로 하는 수밖에 없지."

"그런데 말하는 폼으로 봐서는 협상의 여지가 있는 것 같
거든. 꼭 80퍼센트 선을 고집하는 것 같지는 않네. 그렇지
만 어느 선 정도면 그쪽에서 만족할지 도무지 감이 잡히지
않거든. 자네 생각은 어떤가?"

고 부장은 김 부장에게 자신의 경험담을 들려줬다.

"예전에 영화 기획사에서 일했던 건 알고 있지? 그때 얘
기인데 말이야. 언젠가 정말 괜찮은 시나리오가 손에 들어
와서 작품 하나 만들어보려고 했는데 예상치 못한 곳에서
복병을 만난 적이 있었네."

"뭐가 문제였는데?"

"그게 말이지, 투자자도 잘 모으고 능력 있는 감독도 섭
외가 됐는데, 주연배우를 섭외하는 과정에서 문제가 생겼다
네. 남녀 배우 모두 같은 연예 기획사에 소속돼 있었는데 몸
값을 너무 높게 불렀지. 그런데 문제는 감독이 그 배우가 주
연을 맡지 않으면 영화를 찍지 않겠다는 거야."

"그래서 어떻게 했나?"

"아무리 그래도 도저히 몸값은 맞춰줄 수가 없었다네. 그

래서 계속 그렇게 나오면 영화를 엎을 수밖에 없다고 했더니 그쪽에서 마지못한 듯 몸값을 낮춰주더군. 사실 그것도 무리한 금액이었지만, 더 이상 질질 끌다가는 죽도 밥도 안 되겠다 싶어 계약했지. 그런데 주연배우의 출연료로 너무 많은 돈을 지출을 하다 보니 영화 자체에는 많은 돈을 투자할 수 없었다네. 그리고 홍보도 제대로 할 수 없었지. 결국 영화는 개봉했지만 2주도 못 가서 간판을 내렸지. 정말 씁쓸하더군."

"그런데 그거랑 이번 일이랑 무슨 상관인가?"

고 부장은 소주를 한 병 더 주문한 뒤 계속 말을 이어갔다.

"영화 기획사에서 지금의 회사로 자리를 옮긴 뒤 얼마 지나지 않아 한 상무님하고 술자리를 같이 할 기회가 있었다네. 대화 도중에 한 상무님이 왜 우리 회사로 자리를 옮기게 됐냐고 물으시더군. 그래서 자네에게 했던 얘기를 그대로 말씀드렸지. 그리고 그런 영화판에 진절머리가 나서 더 이상 있고 싶지 않았다고 말씀드렸지. 그랬더니만 한 상무님이 뭐라고 말씀하셨는 줄 아나?"

"뭐라고 그러셨는데?"

"자네, 협상에서는 완전 초보였구만. 그 기획사가 의도적으로 그랬는지는 모르겠지만 도어 인 더 페이스(Door in the Face) 테크닉에 당했구먼, 그러시더군."

"도어 인 더 페이스 테크닉이 뭔가?"

"나중에 찾아봤는데, 상대방이 도저히 들어주기 힘든 조건을 먼저 제시한 뒤 나중에 좀더 들어주기 쉬운 조건을 제시하는 테크닉이라네. 사람들은 심리상 여러 번 거절하지 못하지. 그런 약점을 파고드는 협상 테크닉이라네."

"그럼 자네 말은 그 구매 담당자가 도어 인 더 페이스 테크닉을 쓰고 있다는 말인가?"

"그렇지. 그러니, 자네는 그 반대 방법으로 나가보게."

"반대 방법이라니?"

"풋 인 더 도어(Foot in the Door) 테크닉이라네. 도어 인 더 페이스 테크닉과는 반대로 들어주기 쉬운 부탁을 제시하여 신뢰를 쌓은 다음 좀더 어려운 부탁을 하는 방법이지. 그 거래처는 우리 회사와 오랫동안 거래 관계를 유지해 왔으니 새로 바뀐 구매 담당자가 그 관계를 깨버리기는 쉽지 않을 거야. 다만 자신으로서는 우리 회사와 거래가 처음이고 하니 일단 세게 나와보는 걸지도 몰라."

김 부장은 한 가닥 희망의 빛을 발견한 듯했다. 내친김에 구체적으로 방법을 알려달라고 고 부장을 다그쳤다.

"이 사람아, 매번 그렇게 두루뭉술하게 넘어가려고 하지 말고 구체적인 방법을 알려주게. 자네는 다 좋은데 꼭 결정적일 때 대충 넘어가려는 못된 버릇이 있는 거 같아."

"이거 참. 물에 빠진 사람 살려놓았더니 보따리 내놓으라고 하네. 알았네, 알았어. 잠깐 생각 좀 해보자고."

고 부장은 소주를 단숨에 마시고 잠시 생각에 잠기더니 좋은 생각이 났다는 듯 밝은 표정으로 김 부장에게 말했다.

"우선, 그쪽에서 제시한 조건은 검토 중이라고 말하고 우리 회사의 다른 제품을 구입해 줄 수 없냐고 물어보게. 물론 그쪽에서 부담스럽지 않은 물량과 가격이어야 하겠지. 그러면 우리에게 기대하고 있는 것도 있고 하니, 특별한 문제가 없는 한 구매하겠다고 그럴 걸세. 그러면 큰 건은 윗선의 결정도 있어야 하니 잠시 보류해 두고 작은 것부터 처리하자고 말을 하게. 그리고 작은 건수로 몇 번 만나면서 친분을 다져놓은 뒤, 자네가 생각하는 적정한 가격을 제시해 보게. 그러면 긍정적인 대답을 들을 수 있을 걸세."

"아하, 고맙네. 그런데 자네의 고민은 뭔가?"

"다름이 아니라 부하 직원들을 어떻게 대해야 하는가에 대한 문제라네. 내가 볼 때 자네는 부하 직원들을 잘 다루는 것 같던데, 그 노하우 좀 전수해 주게."

김 부장은 고 부장이 어떤 심각한 고민을 얘기할까 잔뜩 긴장하고 있다가 고 부장의 고민을 듣고 나서는 김이 빠진다는 듯 대답했다.

"난 또 뭐라고. 별로 어려운 문제가 아니라네. 딱 한 가지만 주의하면 저절로 해결될 문제라네."

"정말 한 가지만 주의하면 되나?"

"이 사람이 속고만 살아왔나. 한번 믿어보라고. 그게 뭐

냐면 표정 관리라네."

"표정 관리?"

"그래. 보통 우리 정도 위치에 오르면 체면이다 뭐다 해서 일부러 근엄한 표정을 짓기 마련인데, 정말 쓸데없는 짓이라네. 어떤 사람들은 부하 직원과 친해지기 위해 칭찬을 많이 해라, 같은 취미를 공유해라, 부하 직원의 얘기를 많이 들어줘라 등등 여러 가지 방법을 제시하는데, 잘 생각해 보면 어느 정도 부하 직원과 소통이 되는 상황일 때 쓰는 방법이라네. 아예 접근조차 안 하고 사무적인 태도로만 대하는 부하 직원에게는 써먹기 힘든 방법이지. 결국 어떻게 하면 쉽게 접근하도록 만들 수 있는가 하는 것이 문제인데, 늘 밝고 웃음 띤 얼굴로 직원들을 대하면 굳이 노력하지 않더라도 직원들이 편하게 다가온다네."

"그렇지만 얼굴 표정을 어떻게 하루아침에 바꿀 수 있나? 오히려 어색하지 않을까?"

"그렇지 않네. 늦었다고 생각할 때가 가장 빠른 때라는 말도 있지 않나. 그러니 매일 아침마다 거울을 보며 밝게 웃는 연습을 하게. 처음에는 어색하더라도 점점 자연스러워질 걸세."

"정말 그것만 고치면 될까?"

"그렇다니까. 내 경험에 비추어 볼 때 그게 가장 좋은 방법이야. 더도 말고 딱 한 달만 노력해 보게. 달라진 분위기를 느낄 수 있을 거야.”

고 부장은 의외로 간단한 방법이라 반신반의했지만, 어차피 손해볼 것이 없으므로 고쳐보기로 마음먹었다. 오늘은 두 사람에게 모두 유익한 만남이었다. 고 부장은 즐거운 마음으로 계산을 하고 김 부장과 동태찌개 집을 나섰다. 고 부장은 집으로 돌아가면서 이번 주말에는 오랜만에 가족들과 꽃구경을 가야겠다고 생각했다. 사무실에서 부드러운 상사이기 이전에 가족에게 부드러운 가장이 되는 게 올바른 순서라고 생각했기 때문이다. 어쨌든 그렇게 마음먹자 벌써부터 밝고 부드러운 남자가 된 것 같아 기분이 좋았다. 그러다 문득 김 과장도 부드러운 여자가 되면 사무실 분위기가 훨씬 좋아질 텐데, 하는 생각이 들었다. 그러나 이내 고개를 가로저었다. 여자는 사랑할 때 가장 아름답고 부드러워진다고 하던데, 누가 일밖에 모르는 김 과장과 사랑에 빠질 수 있겠는가? 아무리 생각해도 전혀 상상이 가지 않는 일이었다.

‘아니, 아니지. 오로지 일밖에 모르는 남자가 한 명 있잖아. 강 대리라면 김 과장과 궁합이 잘 맞을지도 몰라.’

고 부장은 의미심장한 미소를 지으며 집을 향했다.

김 과장은 예배를 본 후 강 대리와의 약속에 늦지 않게 서둘러 약속 장소로 갔다. 약속 시간보다 약 15분 정도 일찍 도착했는데 강 대리는 이미 나와 있었다.

"일찍 나오셨나 봐요. 많이 기다리셨어요?"

"아니오. 저도 막 도착했습니다. 밖으로 나가죠."

국회의사당 뒤편 윤중로에는 사람들로 꽉 차 발 디딜 틈이 없었다. 평소 주말에는 30만 명 정도가 모인다던데, 오늘은 그보다 더 많은 사람들이 온 것 같았다. 그래도 강 대리는 오랜만에 즐기는 꽃구경이라 기분이 좋았다. 1400여 그루나 되는 벚나무는 하나같이 옅은 분홍색 꽃을 흐드러지게 피워 올리고 있었다. 김 과장도 과히 싫지는 않은 것 같았다. 봄바람에 꽃잎이 분분히 날리자 김 과장은 부모님의 손을 잡고 꽃구경을 나온 애들처럼 좋아했다. 강 대리는 꽃구경을 하러 오길 잘했다고 생각했다. 오늘은 얘기가 잘 풀릴 것 같은 예감이 들었다.

"정말 오랜만에 꽃구경 하러 나온 것 같습니다. 만날 회사에서 일밖에 모르며 살다가 이렇게 꽃구경을 나오니 정말 좋군요. 김 과장님도 오랜만이시죠?"

"그래요. 사람들이 조금 많아서 그렇기는 하지만, 한편으로는 이렇게 사람들과 꽃에 파묻혀 보는 게 얼마만인가 하는 생각도 드는군요. 밖에서 만나길 잘한 것 같아요."

두 사람은 한동안 말없이 꽃구경을 하며 걸었다.

"저, 김 과장님."

"있잖아요, 강 대리님."

두 사람은 동시에 얘기를 꺼냈다.

“강 대리님이 먼저 말씀하세요.”

“그럴까요? 요즘 김 과장님을 보면 줄타기를 하는 듯 아슬아슬해 보여요.”

“그게 무슨 말이죠?”

“우리 부서에 김 과장님이 온 뒤부터는 사무실 내에 팽팽한 긴장감이 감돌아요. 다행히 지금까지는 큰일이 터지지 않았지만 조만간에 폭발할 것 같은 분위기예요. 물론 김 과장님을 포함해서요.”

“글쎄요. 저는 잘 모르겠네요. 느슨한 분위기보다는 어느 정도 긴장감이 있는 게 좋지 않나요?”

“어느 정도가 아니니까 문제죠. 김 과장님은 너무 좋고 싫은 걸 분명히 드러내요. 부서원들은 김 과장님의 태도를 불편해하죠. 그래서 말인데, 가끔씩은 적당히 넘어가는 모습도 보여줄 필요가 있다고 생각합니다. 부서원들도 숨 좀 쉬며 살아야죠.”

김 과장은 강 대리가 어떤 얘기를 하려는 것인지 이해했지만, 강 대리가 오해하고 있는 것이라 얘기해 봤자 예전과 같은 결과를 가져올 게 뻔하다고 생각했다. 결국 자신이 왜 그런 태도를 보이는 것인지 솔직히 얘기해야겠다고 생각했다.

“강 대리님, 제가 그런 태도를 취할 수밖에 없는 이유가 있어요.”

강 대리는 궁금한 표정을 지었다.

"저도 외국계 회사에 다니기 전까지는 이렇게 냉정하지 않았어요. 외국계 회사에 다니면서 이렇게 변한 거죠."

"무슨 일이 있었나요?"

"회사에서 해마다 연말이면 올해의 사원을 뽑아서 포상을 했어요. 문제는 올해 가장 일을 잘한 사원을 뽑는 동시에 그렇지 못한 사원도 뽑는다는 것이었죠. 최악의 사원으로 뽑히면 세 명의 사원은 1차적으로 경고에 들어가고 다시 한 번 이름이 거론되면 권고사직을 당했죠. 그러나 대부분 1차 경고를 먹으면 알아서 사표를 냈어요."

"정말 분위기가 살벌했겠군요."

"꼭 그렇지만도 않았어요. 어쨌든 연말에 한번 있는 일이 니까요. 그렇지만 모두 긴장하면서 일했죠. 저는 일은 물론 사람들과 좋은 관계를 유지하기 위해 노력도 많이 했어요. 그렇게 정신없이 2년쯤 지나자, 여기저기서 일도 잘하고 사람들에게도 잘한다고 칭찬을 많이 들었죠. 그러나 어찌 된 일인지 그해 연말에 제가 일 못하는 사원에 뽑히게 됐어요. 정말 억울했죠."

김 과장은 그때 일을 떠올리자 새삼 분한 마음이 솟는지 눈가가 촉촉해졌다. 김 과장은 한숨을 크게 내쉬고는 얘기를 계속했다.

"그래도 전 사표를 내지 않았어요. 더 열심히 일하면 충분히 만회할 수 있다고 생각했기 때문이죠. 그런데 어느 날 부장님께서 조용히 절 부르시더군요. 그리고 제 이름이 나온 이유에 대해 말해 주었죠. 간단히 말해 나는 부양할 가족도 없고 능력이 있으니 어디든 다시 취직할 수 있고, 정 안 되면 좋은 남자를 만나 시집가면 되니 이해해 달라는 말이었어요.”

“그래서 김 과장님은 어떻게 했습니까?”

“저는 오히려 더 열심히 회사에 다녔어요. 시간이 지날수록 주위에서 독하다고 하더군요. 그래도 꿋꿋이 다녔어요. 절대로 내 발로는 걸어 나가지 않겠다고 다짐했죠.”

“그런데 어쩌다가 우리 회사로 오게 된 거죠?”

“사람들의 따돌림에 슬슬 지쳐가고 있었는데, 같은 부서에서 언니, 동생 하는 친한 여직원에게 아무래도 그만두어야 할 것 같다고 하소연했죠. 깜짝 놀라더군요. 그런데 어느 날 저를 따로 만나 울면서 얘기했어요. 요즘 집안 사정이 좋지 않아 자기가 회사를 그만두면 생계가 막연하다고요. 그런데 아무래도 이번에는 자기 이름이 나올 것 같다는 것이었어요. 그러니 저보고 회사를 좀더 다녀달라고 부탁하더군요.”

“왜요?”

“그러면 자기 이름 대신 내 이름이 나올 테니까요. 그래서 결국 사람들에게 더 쌀쌀맞게 대하면서 회사를 다녔죠. 예상대로 2년 연속 제 이름이 나왔고 곧 회사에서 권고사직을 당하겠구나 생각하고 있는데, 마침 스카우트 제의가 들어왔죠. 그래서 미련 없이 회사를 박차고 나왔어요. 어떻게 생각하면 운이 좋았죠.”

강 대리는 김 과장에게 그런 사연이 있을 줄은 꿈에도 몰랐다. 김 과장의 얘기를 들으니 김 과장이 왜 그런 행동을 하는지 이해가 되었다. 강 대리가 뭐라고 위로의 말을 건네야 하나 고민하고 있는데 김 과장이 얘기를 계속 이어갔다.

“저도 제 태도에 문제가 있다는 걸 잘 알아요. 그런데 쉽게 고쳐지지가 않네요. 더 이상 사람들에게 상처받고 싶지 않다는 심리 때문에 그런 것 같아요. 어쨌든 강 대리님에게 털어놓고 나니 속은 시원하네요. 고마워요.”

“뭘요. 오히려 김 과장님 말을 듣고 나니 그동안 김 과장님을 오해한 게 미안해지는군요.”

강 대리는 멋쩍게 웃으며 말했다. 김 과장은 물끄러미 강 대리를 바라보다 무언가 생각이 났다는 듯 얘기를 꺼냈다.

“참, 사실은 저도 강 대리님에게 할 말이 있어서 오늘 만나겠다고 한 거였어요.”

“무슨 얘기인데요?”

“회사 내에서 나혜림 씨하고 붙어 다니지 말아주세요. 설마 사람들이 뒤에서 수군대는 걸 모르고 계시는 건 아니겠죠? 물론 연애 자체를 반대하는 건 아니에요. 다만 회사 내에서는 자제해 달라는 것이죠. 그리고 노파심에서 하는 말인데, 일본에 가서도 공과 사는 구별해 주셨으면 해요.”

강 대리는 어이가 없었다. 이런 말이 나올까 봐 최근 들어

조심한다고 했는데, 기어이 말이 나오고 만 것이다. 그것도 다른 사람이 아닌 김 과장의 입에서. 강 대리는 더 깊은 오해를 사기 전에 해명할 필요성을 느꼈다.

"사실은 그게 말이죠⋯."

"어머, 강 대리님!"

"어, 김 과장님!"

강 대리가 김 과장에게 사실을 말하려는 순간 누군가 강 대리와 김 과장을 불렀다. 뒤를 돌아보니 나혜림과 윤석중이었다.

"아니, 두 사람이 여기 웬일이야?"

"웬일은요. 데이트하는 중이죠."

윤석중이 능글맞게 웃으며 대답했다.

"아니에요. 사실은 예전 신입 사원 환영회 때⋯."

나혜림이 사실을 말하려고 했으나 윤석중이 나혜림의 말을 가로채며 강 대리에게 질문했다.

"그런데 강 대리님이야말로 김 과장님하고 웬일이십니까? 두 분이 사귀는 줄은 정말 몰랐습니다."

윤석중은 일부러 강 대리와 김 과장의 관계를 이상한 쪽으로 몰아붙였다. 그래야 나혜림이 강 대리와 멀어질 것이라 생각했기 때문이다. 나혜림도 이상하다는 듯이 강 대리를 바라보며 질문했다.

"정말 두 분 사귀는 사이예요?"

강 대리는 뭐라고 말을 해야 할지 난감했다. 누가 봐도 꽃 구경을 하며 회사 일을 의논한다는 것은 이상한 일이기 때문이다. 강 대리가 적당히 둘러댈 말을 찾기 위해 우물쭈물하는 동안 김 과장은 쌀쌀맞은 표정으로 한마디 던지고는 그 자리를 떠났다.

"두 사람이 보기에는 제가 강 대리님과 사귈 사람으로 보여요? 맘대로 생각하세요. 저는 바빠서 이만 가볼게요."

윤석중과 나혜림은 강 대리를 한동안 물끄러미 바라보더니 그럴 리가 없다는 듯 고개를 가로저었다. 강 대리는 졸지에 여자도 한 명 못 사귀는 칠칠맞은 남자가 돼버렸다. 강 대리는 은근히 화가 났다.

'아니, 자기는 뭐가 잘났다고 그런 말을 하나? 아직까지 남자 한번 제대로 못 사귀어본 노처녀인 주제에.'

그러나 속으로는 그렇게 생각해도 토라져서 돌아가는 김 과장의 표정이 왠지 귀엽다는 생각이 들었다. 강 대리는 갑자기 가슴이 두근거리며 몸이 붕 뜨는 느낌이 들었다.

'어, 내가 왜 이러지?'

윤석중과 나혜림은 김 과장의 뒷모습을 멍하니 바라보고 있는 강 대리에게 이제 그만 가보겠다고 인사했으나 대답이 없자 할 수 없다는 듯 그 자리를 떠났다. 강 대리는 윤석중과 나혜림은 안중에 없다는 듯 멀어져가는 김 과장의 뒷모습만 바라보고 있었다.

4 | 상대를 설득하기 위해 만반의 준비를 하다

사랑과 동정은 차이가 있다

다음 날 회사에서 윤석중, 나혜림과 마주친 강 대리는 어색한 마음을 감추려 애를 썼다. 그것은 나혜림도 마찬가지였다. 특별히 잘못한 것도 없는데 왠지 죄를 지은 사람처럼 마음이 무거웠다. 반면에 윤석중은 그런 분위기를 즐기고 있었다. 김 과장과 강 대리에게 나혜림과 만나고 있는 것을 들킨 것이 오히려 잘됐다고 생각했다. 심지어 김 과장과 강 대리가 사람들에게 소문을 내주기를 은근히 바라고 있었다. 그러나 김 과장과 강 대리가 그렇게 입이 싼 사람이 아니라는 것을 윤석중은 알고 있었다. 아쉽지만 일단 나혜림과 데이트를 했다는 것에 만족하기로 했다.

강 대리와 달리 김 과장은 어제 일에 전혀 신경을 쓰고 있지 않았다. 다만 강 대리가 했던 충고는 받아들이기로 했다. 자신의 상처 때문에 다른 사람들을 불편하게 하는 것은 잘못된 일이라 생각했다. 쉽게 고쳐지지는 않겠지만 노력은 해보기로 했다. 오늘만 하더라도 출근하자마자 고 부장과 의견 충돌이 있었지만, 끝까지 맞서지 않고 먼저 물러났다. 그러자 고 부장도 웃는 얼굴로 다시 한 번 생각해 보겠다고 하면서 더는 김 과장을 몰아붙이지 않았다.

고 부장은 김 부장의 조언이 이렇게 빨리 효과를 볼 줄은 몰랐다. 오늘 아침 거울 앞에서 웃는 연습을 했으나 영 어색하기만 했다. 그래서 이것도 말처럼 쉬운 일은 아니라고 생각하고 있었는데 다른 사람도 아닌 김 과장이 쉽게 물러나다니, 정말 웃는 얼굴에 침 못 뱉는다는 말을 실감했다.

그러나 좋은 기분은 그리 오래가지 않았다. 고 부장은 윤석중에게 일본 연수 일정을 짜게 하려고 윤석중을 불렀으나 윤석중은 무엇에 정신이 팔려 있는지 제때 대답하지 않았다. 고 부장은 짜증이 났으나 애써 마음을 가라앉히며 윤석중을 다시 불렀다. 그러나 역시 아무 대답이 없었다. 강 대리는 고 부장이 부르는데도 윤석중이 대답하지 않자, 윤석중의 어깨를 쳤다.

"석중 씨, 부장님이 부르시잖아."

"네? 아, 예. 부장님, 부르셨어요?"

그제야 윤석중은 고 부장을 바라보며 대답했다. 그러나

이미 고 부장의 심기는 뒤틀려 있었다.

"자네 그런 정신으로 제대로 갔다 올 수 있겠어? 자네 말고 다른 사람 보내줄까?"

윤석중은 뜨끔했다. 김 과장과 강 대리와 같이 가기는 하지만 나혜림과 오붓하게 지낼 수 있는 기회를 날리다니, 절대로 있어서는 안 되는 일이었다.

"무슨 말씀이십니까, 부장님. 자고로 봄입니다. 마음의 준비가 되지 않았는데 창밖에 봄이 와버렸습니다, 부장님. 이럴 때일수록 계절을 이기기 위해서는 가까운 일본에라도 갔다 와야 예술적으로 좋은 기획이 나올 것 같습니다, 부장님."

고 부장은 싫은 소리 한마디 하려다가 참기로 했다. 부서원들이 편하게 다가올 수 있는 부장이 되기 위한 첫걸음을 뗐는데 화난 모습을 보일 수는 없는 노릇이었다.

"그건 그렇다 치고, 자네가 이번 일본 연수 일정표를 짜보게. 일본에 1년 정도 어학연수를 갔다 온 적이 있다고 했지? 그래서 일본어도 어느 정도 한다고 했으니 아무래도 이번 일본 연수는 자네를 중심으로 움직여야 할 것 같네. 요즘 최신 트렌드를 접할 수 있는 곳 위주로 일정을 짜보도록 하게."

윤석중은 무사히 넘어가서 다행이라고 생각했다. 그리고 이번 기회에 일본에서의 어학연수 경험을 살려 나혜림 앞에서 뭔가 보여주리라 다짐했다.

"네, 저에게 맡겨주십시오. 짧은 기간이지만 많은 곳을 보고 올 수 있도록 일정을 잡아보겠습니다."

윤석중은 신이 나서 자리로 돌아왔다. 그런데 자리에 앉으며 옆을 힐끔 쳐다보니 강 대리와 나혜림이 뭔가 이야기를 하려다가 입을 다무는 것이었다.

"할 말 있으면 하세요. 제가 들으면 안 되는 비밀스러운 얘기인가요? 원하시면 자리를 비켜드리고요."

강 대리는 어차피 윤석중에게도 해야 할 말이니 이따가 점심시간 때 셋이서 보기로 했다. 이윽고 점심시간에 되어 세 사람은 회사 근처 식당에서 점심을 먹으며 이야기를 나누었다.

"석중 씨하고 혜림 씨가 어제 일로 김 과장님과 내 관계를 오해할까 봐 하는 말인데, 어제는 정말 순수하게 회사 일로 만난 거니 오해하지 말아주었으면 해."

강 대리의 말을 듣고 나혜림이 질문을 했다.

"그 회사 일이란 것이 뭔데요? 회사 일이라면 저희에게도 말씀해 주실 수 있겠죠?"

"음, 그게 말이지 회사 일이라면 회사 일이랄 수도 있고 아니라면 아니랄 수도 있는 문제라서 말해 주기가 조금 곤란한데."

나혜림은 점점 의심이 간다는 듯이 따져 물었다.

"왜 말을 바꾸세요? 회사 일이라고 했다가 아닐 수도 있다고 말씀하시니 뭔가 수상해요.”

강 대리는 더 말을 돌리다가는 정말로 오해를 살 것 같아서 솔직하게 털어 놓았다.

“사실은 김 과장님이 냉정한 태도 때문에 부서원들에게 따돌림을 받는 게 안타까워서 충고 좀 해주려고 만났어.”

그러자 윤석중이 불쑥 끼어들었다.

“그럼, 회사 일이 아니라 사적인 일이네요, 뭐.”

“그런가? 난 회사 일이라 생각했는데.”

강 대리는 별 사심 없이 만났고 이러이러해서 김 과장이 그런 태도를 보이는 것이라고 설명해 주었다. 그리고 두 사람에게 질문을 던졌다.

“이왕 말이 나온 김에 물어보는 건데, 사실 김 과장님이고 부장님에게 대들고 직원들에게 냉정한 태도를 보일 때도 왠지 밉지 않고, 그런 태도를 보이는 이유를 듣고 나니까 더 안쓰러워지는 것은 무슨 이유일까?”

강 대리의 질문을 듣자마자 윤석중이 대답했다.

“그게 바로 사랑이죠.”

그러자 곧이어 나혜림이 대답했다.

“아니에요, 동정이에요. 강 대리님은 사람이 너무 착해서 그런 거예요. 강 대리님, 사랑과 동정을 혼동하시면 안 돼요.”

강 대리는 혼란스러웠다. 윤석중의 말이 맞는 것 같기도 하고, 나혜림의 말이 맞는 것 같기도 했다. 영업부 신입 사원을 짝사랑한 이후로 사랑다운 사랑을 해보지 못한 강 대리에게 감정을 구분하는 것은 힘든 일이었다. 그런데 윤석중의 한마디가 강 대리의 고민을 해결해 주었다.

"사랑과 동정을 구분하는 건 간단합니다. 그 사람을 바라볼 때 단순히 안타까운 생각만 들면 동정이고, 가슴이 아프면 사랑이라고 생각하면 됩니다. 저는 혜림 씨를 바라볼 때 가슴이 아프거든요."

나혜림은 윤석중을 쏘아보고 강 대리에게 말했다.

"석중 씨 말에 신경 쓰지 마세요. 사랑이란 감정이 그렇게 쉽게 구분될 수 있다면 얼마나 좋겠어요? 제 말대로 그건 단순한 동정심일 거예요. 신경 쓰지 마세요. 게다가 강 대리님처럼 착한 남자에게 김 과장님처럼 쌀쌀맞은 여자는 안 어울려요."

윤석중은 애써 김 과장과 강 대리의 관계를 별것 아닌 것으로 몰고 가는 나혜림이 못마땅했다. 윤석중은 사랑의 장애물을 제거하기 위해 마지막으로 한 방 날렸다.

"뭐, 어떤 경우에는 동정이 사랑의 출발점이 되는 경우도 있습니다. 강 대리님, 잘해 보십시오. 우리 사무실에서 노처녀 히스테리 좀 사라지게 말입니다."

나혜림이 한마디 하려고 했으나, 윤석중이 점심시간이 끝나간다며 어서 일어나자고 재촉했다. 강 대리는 시계를 보더니 바삐 계산하고 사무실로 돌아왔다.

무슨 일이든 타이밍이 중요하다

강 대리는 사무실에 돌아와서도 계속 윤석중의 말이 머릿속에서 맴돌았다. 강 대리는 윤석중의 말을 되새기며 김 과장을 바라보았다. 그러나 강 대리의 마음속에서 감정의 동요가 일어나지 않았다. 강 대리는 쓸데없는 고민을 했다며 피식 웃었다.

윤석중은 일본 연수 일정을 다 짠 뒤 결재를 맡기 위해 고 부장의 자리로 갔다. 마침 고 부장은 김 과장과 일본 연수에 대해 이야기를 나누고 있었다. 윤석중은 잘됐다 싶어 고 부장에게 일정을 검토해 달라고 서류를 내밀었다. 그러나 고 부장은 김 과장과 한창 얘기를 하고 있는 도중에 윤석중이 무작정 서류를 들이미니 기분이 나빴다.

"자네 내가 김 과장과 얘기하고 있는 게 안 보이는가?"

"지금 일본 연수에 대해 말씀 나누시고 있는 게 아니었나요? 그래서 저는 말씀 나누시는 데 도움이 되라고…."

"그건 자네가 판단할 일이 아니지. 얘기를 나누고 있는데 불쑥 끼어들어 결재를 해달라는 사람이 어디 있나? 자네는 그 정도 상식도 없나?"

"죄송합니다. 저는 그저…."

"됐네. 그거 책상에 놔두고 볼일 보게. 나중에 검토해 보겠네."

고 부장은 윤석중이 자리로 돌아가자 계속 김 과장과 애기를 나눴다.

“그래서 말인데, 요즘 우리나라가 안고 있는 문제 중에 특히 ‘저출산 고령화’에 대해 부정적인 전망들이 많이 나오고 있지 않나. 특히 노인 복지 문제가 심각하지. 얼마 전에는 2050년이 되면 젊은이 한 사람이 노인 네 명을 책임져야 한다는 예상도 나왔잖아. 그러나 위기는 곧 기회란 말이 있지 않은가. 앞으로 노인과 관련된 산업이 호황을 맞이할 거야. 그래서 말인데, 일본은 일찌감치 노인 문제에 눈을 돌렸지 않나. 그러니 자네가 이번 출장에서 그쪽 분야에 좀더 신경을 써줬으면 하네.”

“네, 잘 알겠습니다. 저도 그 생각을 하고 있었습니다. 열심히 보고 오겠습니다, 부장님.”

“그래, 쓸 만한 작품 하나 건져 오기 바라네. 김 과장만 믿겠네.”

김 과장은 오늘따라 자신에게 잘 대해 주는 고 부장이 이상하다고 생각했지만 과히 싫지만은 않았다. 강 대리 말대로 조금쯤 감정을 억누르니 모든 일이 원만히 해결되는 것 같았다. 김 과장은 언제 한번 강 대리에게 식사라도 대접해야겠다고 생각했다. 나이도 자기보다 많고 회사 경력도 훨씬 선배인데도, 자신에게 깍듯이 상급자 대우를 해주고 신경을 써주는 강 대리가 고맙다는 생각이 들었다.

한편 나혜림은 점심시간 때 강 대리가 한 말이 내내 신경 쓰였다. 그 자리에서는 별것 아닌 감정이라고 말했지만, 윤석중의 말대로 동정이 사랑으로 발전할 수도 있는 법이었다. 나혜림은 이번 일본 연수 때 확실히 강 대리를 붙잡아야겠다는 생각을 했다. 미적거리다가는 강 대리의 마음이 김 과장에게로 넘어가버릴 것 같다는 불길한 예감이 들었다.

한 주가 훌쩍 지나고 드디어 일본으로 출발하는 날이 되었다. 강 대리는 생전 처음 외국에 나가보는 것이라 설레는 마음에 잠을 설치고 약속 시간보다 일찍 공항에 나왔다.

공항 로비에는 봄이라 그런지 신혼부부들이 많이 모여 있었다. 대부분 커플 티를 맞춰 입고 즐거운 표정으로 출발 시간을 기다리고 있었다. 강 대리는 그런 모습을 보며 자신도 사랑하는 사람과 신혼여행을 갈 수 있을까 상상해 보았으나 꿈같은 일로만 여겨졌다.

얼마 지나지 않아 약속이나 한 듯이 세 사람이 도착했다. 윤석중이 도맡아 짐을 부치고 출국 수속을 한 뒤 비행기에 올랐다. 일본은 생각보다 금방 도착했다. 네 사람은 숙소에 짐을 풀자마자 일정에 잡혀 있는 장소로 이동했다.

윤석중은 첫날이고 하니 동경 시내를 가볍게 둘러보고 내일부터 본격적으로 돌아보자고 했으나, 나머지 사람들은 여유가 별로 없으니 돌아볼 수 있는 한 최대한 많이 돌아보자고 했다. 윤석중은 별수 없이 사람들을 이곳저곳 데리고 다

넀다. 저녁도 간단히 편의점에서 도시락으로 때우고 밤늦게
까지 돌아다니다 호텔에 돌아오니 어느덧 자정이 되었다.

이튿날도 강행군이었다. 윤석중은 나혜림이 힘들어하는
것 같아 그만 호텔로 돌아가자고 했으나, 나혜림은 한사코
괜찮다며 좀더 돌아보자고 했다. 나혜림은 호텔로 돌아온
뒤 몸이 안 좋은 것 같다며 쓰러지듯 잠들었고, 결국 아침에
일어나지 못했다. 김 과장이 나혜림의 이마에 손을 대보니
열이 펄펄 끓고 있었다.

김 과장은 급하게 윤석중에게 전화했다. 그리고 호텔 프
런트에 전화해 택시를 준비해 달라고 부탁했다. 세 사람은
나혜림을 부축해 가장 가까운 병원으로 갔다. 다행히 환자
들이 많지 않아 금방 진료를 받을 수 있었다. 윤석중이 통
역도 할 겸 보호자 자격으로 나혜림을 따라 진찰실로 들어
갔다.

한편 김 과장과 강 대리는 나혜림이 진찰을 받는 동안 대
기실을 쭉 둘러보았다. 오전이라 그런지 붐비지는 않았지만
특이한 점이 있었다. 대기실에 있는 사람들이 대부분 노인
들이라는 점이었다. 물론 평일 오전이니 젊은 사람들보다야
노인들이 많겠지만, 대부분이 노인들이라는 점이 신기했다.
두 사람은 이 병원이 노인 전문 병원이겠거니 생각했다. 그
래도 의문이 풀리지 않는 것이, 차례를 기다리고 있는 노인
들의 표정이 밝고 건강해 보인다는 사실이었다. 특별히 아

파 보이지도 않는 사람들이 왜 병원에 오는 것일까? 두 사람은 점점 궁금해지기 시작했다.

그 사이 윤석중이 병실에서 나와 두 사람에게 별로 걱정할 필요가 없다고 했다. 단순한 몸살감기라 좀 쉬면 된다는 것이다. 지금 영양제를 맞는 중이라는 윤석중의 말을 듣고 김 과장과 강 대리는 안심했다.

김 과장은 진료비를 계산하러 가는 윤석중에게 이 병원에 왜 이렇게 노인들이 많은지 물어보라고 했다. 계산을 하고 돌아온 윤석중은 수납원에게 들은 말을 전했다.

"이 병원은 특별히 노인만을 위한 전문 병원은 아니지만 노인들에게 정기적인 검진을 해주고 병원 부속 센터에서 그에 맞는 운동 처방과 식단을 제공해 주기 때문에 많이 몰린다고 하네요."

그 말을 들은 김 과장은 곰곰이 생각하다가 윤석중에게 병원 센터를 견학할 수 있는지 물어봐달라고 요청하고, 강 대리에게 사실을 털어놓았다.

"사실은 일본에 오기 전에 부장님께서 따로 조사해 보라고 하신 게 있었어요. 다른 사람들에게 말하지 않은 건 괜히 그것만 신경 쓰다가 다른 것을 못 볼까 봐 그랬어요. 그런데 시간도 얼마 없고 상황도 이러니 아예 뚜렷한 목적을 가지고 견학을 하는 게 좋겠다는 생각이 들었어요."

"병원과 관계있는 건가요?"

"맞아요. 나혜림 씨 때문에 이렇게 된 것이기는 하지만, 오히려 좋은 기회라는 생각이 드네요. 부장님께서는 일본의 노인 관련 산업을 중점적으로 살펴보라고 하셨어요. 우리나라도 이미 고령화 사회에 접어들었으니 일찍이 대비했던 일본에서 배울 것이 많을 것이라는 것이지요. 딱히 병원이라기보다는 일종의 종합 건강 센터 개념이라고나 할까요?"

"그렇군요. 그런데 왜 하필이면 건강 센터입니까?"

"아무래도 나이가 들면 가장 중요한 게 건강이잖아요. 당연히 노인과 건강 산업은 뗄래야 뗄 수 없는 관계이지요. 분명히 이 병원에서 건질 것이 있을 거 같아요."

김 과장이 말을 마쳤을 때 윤석중이 헐레벌떡 다가왔다.

"마침 한 시간 뒤부터 외부인이 견학할 수 있는 프로그램이 있어서 신청하고 왔습니다. 그런데 남아 있는 자리가 하나밖에 없어서 간신히 두 명이 참석할 수 있도록 말해 두었으니 두 분이 다녀오세요. 전 혜림 씨가 깨어날 때까지 병실에 있겠습니다."

나혜림의 병실로 석중을 들여보낸 후 김 과장과 강 대리는 아래층 커피숍에서 견학할 때 놓치지 말아야 할 포인트를 정리한 후 건강 센터 견학에 나섰다.

센터는 그리 크지도 작지도 않은 6층 건물이었다. 안내하는 사람을 따라 건물에 들어서자 우선 눈에 띄는 것이 친절한 직원들의 태도와 편안한 분위기였다. 건물은 신발을 벗고 들어가도록 돼 있었고, 안내 데스크에 있는 직원들은 모두 바닥에 앉아서 업무를 보고 있었다. 그런 모습 때문에 편안한 느낌이 들었는지도 몰랐다. 데스크 주위로는 차를 마실 수 있는 공간이 마련되어 있었고 회원들은 자유롭게 차나 커피를 가져다 마시고 있었다.

김 과장과 강 대리가 신발을 벗고 들어서자, 안내인의 설명이 시작됐다. 이 시설은 회원제로 운영이 되는데, 현재 약 2천여 명의 회원들이 등록되어 있다고 했다. 그리고 대부분의 회원이 노인이라는 것이다. 김 과장이 한 달 이용료를 물어보니 1만 엔 정도라고 대답했다. 우리나라 돈으로 약 8만 원 정도의 돈만 내면 이 시설을 이용할 수 있는 것이었다.

김 과장과 강 대리는 그 말을 듣고 굉장히 놀랐다. 물가 차이를 떠나 비교해 봐도 우리나라에서 이 정도의 시설을 이용하려면 어림없는 가격이기 때문이었다. 김 과장이 자신이 잘못 들었나 싶어 정말 그 가격으로 이용이 가능하냐고 물어보았다. 그러자 안내인이 질문의 의도를 눈치 채고는, 사실 8만 엔 정도인데 이용자 본인이 1만 엔을 부담하고 나머지는 의료보험에서 부담한다고 부연 설명을 해주었다.

그제야 두 사람은 의문이 풀렸다. 그리고 우리나라와 일본의 의료보험 체계의 차이점을 깨달았다. 우리나라의 경우 병이 걸려야만 의료보험의 혜택을 받을 수 있지만 일본의 경우 병을 예방하는 분야에서도 의료보험 혜택을 받을 수 있다.

소 잃기 전에 외양간을 고치는 합리적인 제도인 것이다.

노인들의 병은 장기적인 치료를 요하는 병이 많기 때문에 병들을 사전에 예방할 수 있다면 장기적으로 볼 때 의료보험 재정에 훨씬 도움이 된다. 두 사람은 다시 한 번 우리나라의 의료보험 제도에 개선해야 될 점이 있다는 것을 느꼈다.

안내인은 센터의 대략적인 이용 시스템을 설명한 뒤 두 사람이 실제로 체험할 수 있도록 센터 여기저기를 안내해 주었다. 회원들은 직원들의 도움을 받아 헬스 기구를 이용하고 있었다. 그런데 한 가지 특이한 점이 있었다. 회원들이 모두 팔이나 다리에 이상한 벨트를 착용하고 운동을 하고 있는 것이었다. 김 과장은 안내인에게 그 벨트가 무엇인지 물어봤다.

안내인은 그 벨트를 가압벨트라고 소개했다. 그리고 그 벨트를 차고 운동을 하면 적은 운동으로도 큰 효과를 거둘 수 있기 때문에 노인들에게 매우 유용하다고 설명했다. 김 과장이 그 벨트의 메커니즘을 물어보자 안내인은 웃으며 자세한 것은 설명드릴 수 없다고 했다. 김 과장이 간단하게라도 알려달라고 했으나 안내인은 한사코 거절했다. 김 과장은 할 수 없이 체험해 보는 것으로 만족하기로 했다. 두 사람은 직원의 지시에 따라 팔에 벨트를 차고 주먹을 쥔 다음 굽혔다 펴는 일을 반복했다. 30회씩 세 번을 하고 나니 두 사람은 금세 땀을 흘리기 시작했다. 겉으로 보기에는 특이

한 점이 없는 벨트였지만, 실제로 체험해 보고 나니 운동 효과가 상당히 크다는 것을 알 수 있었다.

간단히 돌아본 후 5층으로 올라갔다. 5층은 마사지실이 준비되어 있었다. 회원들은 모든 코스를 돈 뒤 마지막으로 마사지실에서 간단한 마사지를 받았다. 안내인은 마사지의 역할 역시 성장 호르몬을 구석구석 전달시키는 것이라고 설명했다. 그리고 마사지의 경우는 한 달에 2회 제공이 되는데, 더 받고 싶은 경우는 따로 요금을 지불하면 된다고 했다. 두 사람은 머리와 발 마사지를 받았는데 그동안의 피로가 싹 가시는 느낌이었다.

안내인은 마지막으로 두 사람을 센터 부속 식당으로 안내했다. 두 사람이 자리를 잡자 음식이 나왔는데, 두 사람의 음식이 달랐다. 심지어 안내인의 음식도 두 사람과는 다른 것이었다. 안내인은 두 사람이 이상하게 여기는 것을 눈치 챘는지, 음식이 사람마다 다르게 나온 이유에 대해 설명해 주었다. 이 식당에서는 개개인의 건강 상태에 따라 식사가 다르게 나온다는 것이었다. 센터에 들리기 전 병원에서 간단한 검진을 받고 왔는데, 그 결과를 토대로 식사를 준비한 모양이었다.

두 사람은 다시 한 번 감탄했다. 이 센터처럼 하나에서 열까지 신경을 써준다면 병에 걸릴 수가 없을 것 같았다. 실제로도 이 센터를 꾸준히 다니면 당뇨나 비만, 고혈압 같

은 만성적인 질환은 저절로 완화된다고 하였다. 두 사람은
식사를 마친 뒤 안내인에게 고맙다고 인사한 뒤 호텔로 향
했다.

사랑도 일도 실리를 추구한다

윤석중은 아침 일찍 김 과장과 강 대리가 호텔을 나서자
마자 나혜림의 방으로 갔다. 나혜림은 자기 때문에 윤석중
이 김 과장과 강 대리를 따라 나서지 못한 것에 대해 미안한
마음이 들었다. 그래서 자신은 괜찮으니 볼일이 있으면 나
가보라고 말했다. 그러나 윤석중은 무슨 말이냐고 펄쩍 뛰
며 신경 쓰지 말라고 했다. 윤석중은 나혜림이 심심하지 않
게 곁에 앉아 이런저런 얘기를 나눴다.

나혜림은 객지에 나와 아프고 보니 굉장히 서러웠다. 놀
러 온 것이 아니라 일 때문에 왔는데, 아픈 데다 사람들에게
미안한 마음까지 겹쳐 더 서러웠다. 그런데 윤석중이 곁에
서 싫은 내색 하나 하지 않고 자신을 돌봐주는 걸 보고 새삼
스레 고맙게 여겨졌다. 그래서인지 몰라도 나혜림은 윤석중
과 얘기를 나누는 것이 즐거웠다.

윤석중은 점심때가 다가오자 나혜림에게 잠시만 기다리
라고 한 뒤 호텔을 빠져나와 눈여겨봐둔 초밥집에 초밥을
사러 갔다. 윤석중은 무리를 해서라도 나혜림에게 맛있는

초밥을 먹이고 싶었다. 그래서 주방장에게 특별히 부탁하여 호화로운 도시락을 만들어 나혜림에게 돌아왔다.

나혜림은 윤석중이 신경 써서 가져온 초밥 도시락을 보자 왠지 마음이 울컥하여 자신도 모르게 눈물을 흘렸다. 윤석중은 나혜림의 눈물을 보자 적잖이 당황했지만, 한편으로는 나혜림과의 관계가 한 단계 발전한 것 같아 기분이 좋았다.

나혜림과 윤석중이 맛있게 식사를 한 후 얼마 안 있어 김 과장과 강 대리가 호텔로 돌아왔다. 김 과장은 나혜림과 윤석중에게 오늘 견학하고 온 것에 대해 간단히 설명해 주었다. 그리고 그에 대해 넷이서 회의를 하기로 했다. 먼저 김 과장이 말을 꺼냈다.

"제 생각으로는 이 시스템을 우리나라에 적용하기에는 무리가 있다고 생각합니다. 의료보험의 적용을 받지 못할 경우 금액의 부담이 상당하기 때문입니다. 따라서 시스템 전체보다는 부분만 도입하는 것이 현실성이 있다고 생각합니다."

강 대리가 뒤를 이어 말했다.

"제 생각도 비슷합니다. 물론 역으로 VVIP 마케팅을 적용하여 고급화된 시스템을 만들 수도 있겠지만, 이런 시스템은 국가적인 차원으로 볼 때 많은 사람들이 혜택을 받아야 한다고 생각합니다. 당장 전체 시스템을 도입하기는 힘들더라도 이 시스템의 가장 핵심적인 부분 중 하나인 가압벨트를 이용한 트레이닝은 상품화할 만하다고 생각합니다."

김 과장이 강 대리의 말에 고개를 끄덕이며 맞장구를 쳤다.

"저도 강 대리님의 의견과 같아요. 그런데 안내인이 가압 벨트에 대해 자세히 설명해 주지 않았기 때문에 좀더 조사를 해봐야 할 것 같아요."

윤석중은 가압벨트라는 말이 낯설지 않아 계속 기억을 떠올려보다가 기억해 냈다.

"아, 생각났어요. 제가 종합격투기를 좋아해서 그쪽에 관심이 많은데, 언젠가 부상을 당해 은퇴했던 선수가 가압 근력 트레이닝을 통해 재활에 성공하여 컴백한다는 기사를 읽은 적이 있어요. 인터넷에서 가압 근력 트레이닝을 검색해 보면 좀더 많은 정보를 얻을 수 있을 거예요."

김 과장이 노트북을 켜고 그 기사를 찾아보았다. 윤석중의 말대로 기사가 있었다. 의외로 가압벨트의 원리는 간단했다. 팔이나 다리를 꽉 조여줌으로써 혈액의 흐름을 제한하면 뇌가 과격한 트레이닝을 하고 있는 상황이라고 판단하여 근육에 열심히 하지 않으면 안 된다는 명령을 전달하게 되고, 가벼운 기구를 들어도 많은 근섬유를 사용하게 만드는 원리였다. 따라서 짧은 시간을 투자해도 큰 운동 효과를 거둘 수 있는 것이었다.

가압벨트는 그 병원 센터에서만 쓰이는 것은 아닌 것 같았다. 가압벨트의 최초 발명자는 오다 니시무라라는 헬스 트레이너였고, 현재 그것을 이용하여 트레이닝을 하는 헬스

클럽을 운영하고 있었다. 김 과장은 그 사람을 만나봐야겠다고 생각했다. 그래서 윤석중에게 헬스클럽으로 전화해서 만날 수 있는지 알아보라고 했다. 윤석중은 전화를 하고 나서 당장은 만나기 어렵고 이틀 후에나 시간을 낼 수 있다고 보고했다.

김 과장은 고민했다. 내일이면 한국으로 돌아가야 하는데, 눈앞에 좋은 기회를 두고 수확 없이 돌아갈 수는 없는 법이었다. 김 과장은 윤석중과 나혜림은 일정대로 한국으로 돌아가도록 하고 자신과 강 대리는 일본에 남아 이번 일을 마무리짓고 돌아가기로 결심했다. 결심이 서자 김 과장은 고 부장에게 전화를 걸어 상황을 보고하고 고 부장의 허락을 받았다.

"석중 씨, 미안하지만 니시무라 상에게 다시 한 번 전화해서 사실은 사업상의 일로 만나려고 하는 것이니 한국어나 영어 통역이 가능한 사람과 함께 만났으면 좋겠다고 연락해주세요. 강 대리님과 저는 여기에 남아서 일을 마무리하고 가야겠어요. 석중 씨는 약속만 잡아주시고 내일 혜림 씨와 함께 한국으로 돌아가세요."

윤석중은 니시무라에게 전화를 걸어 약속을 잡았다.

"니시무라 상이 사업상의 문제면 얘기가 길어질 것 같으니 점심을 먹으면서 얘기하자고 하네요. 호텔로 사람을 보내주겠답니다."

다음 날 아침 윤석중과 나혜림은 한국으로 출발했다. 김 과장과 강 대리는 호텔에 남아서 가압벨트에 대한 자료를 좀더 찾아보며 니시무라와의 미팅을 준비했다. 다음 날 니시무라는 약속한 대로 사람을 보냈다. 김 과장과 강 대리는 안내를 받아 약속 장소에 도착했다. 일본 전통 요리를 전문으로 하는 음식점이었다. 미리 와서 자리를 잡고 있던 니시무라는 두 사람을 반갑게 맞이했다.

모두 자리에 앉자 음식이 나오기 시작했다. 여러 가지 음식이 나왔는데 모두 깔끔하고 맛있었다. 어느 정도 분위기가 무르익자 김 과장이 얘기를 꺼냈다.

"니시무라 상, 이렇게 훌륭한 곳에서 점심 대접을 해주셔서 감사합니다. 오늘 니시무라 상을 만나자고 한 이유는 가압 근력 트레이닝을 한국에 도입하고 싶어서입니다. 니시무라 상이 저희를 도와주신다면 한국에서도 가압 근력 트레이닝이 크게 성공할 것이라 확신합니다."

니시무라는 김 과장의 말을 듣더니 심각한 표정을 지었다. 그리고 잠시 뜸을 들이더니 통역을 통해 자신의 뜻을 전달했다.

"니시무라 상은 가압 근력 트레이닝을 한국에 소개한다는 것에 대해서 매우 호의적입니다. 그러나 한 가지 문제가 있다고 합니다. 다름이 아니라 가압벨트를 발명할 당시 크게 도움을 줬던 의사가 한 분 있는데, 그분이 현재 한국 진출을 위해 준비하고 있는 중이랍니다. 그분은 가압 근력 트레이닝뿐만 아니라 건강 관리 시스템 자체를 한국에 진출시키려고 준비하는 중이랍니다.”

김 과장과 강 대리는 통역의 말을 듣고 지난번 자신들이 견학을 갔다 왔던 그 병원이라고 짐작했다. 아니나 다를까 니시무라 상은 그렇다고 고개를 끄덕였다. 김 과장과 강 대리가 침통한 표정을 짓자 니시무라 상은 잠시 생각에 잠기더니 한 가지 제안을 했다. 그 병원 원장님은 건강 관리 시스템만을 운영하고 우리는 스포츠와 관련된 분야만 운영하면 어떻겠냐는 것이었다. 그리고 실제로 일본에서도 그렇게 운영하고 있다는 것이었다. 게다가 가압벨트에 대한 특허권 자체는 자신에게 있으니 크게 문제될 것은 없다고 했다.

김 과장과 강 대리는 니시무라 상에게 양해를 구하고 잠시 둘이 의논을 했다. 의논한 결과 반쪽짜리 사업이 될 가능성이 있지만, 그래도 여전히 매력적인 상품이기 때문에 일단은 스포츠 분야에만 도입해도 수익성이 있다는 결론을 내렸다. 김 과장은 니시무라 상의 의견대로 하기로 하고 세부적인 협의에 들어갔다.

“니시무라 상은 가압 근력 트레이닝을 한국에 전수해 주는 대가로 얼마를 생각하고 계십니까?”

니시무라 상은 이렇게 될 줄 예견이나 한 듯 서류를 내밀었다. 정식 계약서는 아니지만 거기에는 가압 근력 트레이

닝 전수에 따른 세부적인 내용이 적혀 있었다. 요구 사항은
다음과 같았다.

*가압벨트 사용에 대한 대가는 요구하지 않겠음. 그러나 가압 근력
트레이닝에 대한 원천 기술은 이전해 줄 수 없음.*

*따라서 트레이너 교육은 교육 대상자가 일본으로 연수를 오거나
일본에서 강사를 파견하여 이루어지도록 함.*

트레이너 지도비는 일본 수준과 동일하게 지불. (1인당 300만 엔)

*가압벨트 가격은 일본 내 판매 가격과 동일하게 책정. 단, 수량
에 따라 가격 조정 가능. (일본 내 가압벨트 가격 : 자동 60만 엔,
수동 8만 엔)*

김 과장과 강 대리는 서류를 살펴보고 트레이너 지도비와
가압벨트 가격이 조금 비싸다고 생각했으나 그것 이외에 별
도의 로열티를 지불하지 않는다면 괜찮은 조건이라는 생각
이 들었다.

김 과장은 니시무라 상에게 최종 결정은 상부에 보고를 한
뒤에 이루어지겠지만, 일단 괜찮은 조건이라고 대답했다. 니
시무라 상은 김 과장의 말을 듣고 흡족해하며, 서로에게 좋
은 결과가 있었으면 좋겠다고 말했다. 김 과장은 최대한 빠
른 시일 내에 결정이 이루어지도록 노력하겠으며, 회사의 방
침이 정해지는 대로 다시 한 번 만나뵙겠다고 대답했다.

이렇게 대충 얘기가 마무리되자 니시무라 상은 사람을 불러 후식을 가져오도록 했고, 후식을 먹으며 가압벨트에 얽힌 발명 에피소드와 성공사례 등을 재미있게 얘기해 주었다. 김 과장과 강 대리는 식사를 마친 후 니시무라 상의 환대에 감사하고 호텔로 돌아왔다.

농담은 진담처럼, 진담은 농담처럼

두 사람은 호텔로 돌아와 내일 귀국할 준비를 했다. 강 대리는 예상치 않게 큰 수확을 거두고 돌아간다는 생각에 마음이 가벼웠다. 그리고 다시 한 번 김 과장의 일처리 솜씨에 감탄했다. 가능성 있는 제품을 찾아내는 것에서부터 시작해 도입하기 위한 결정까지 나무랄 데가 없었다.

강 대리는 짐을 대충 싼 뒤 텔레비전을 보며 느긋하게 쉬고 있었다. 저녁때가 되자 강 대리는 일도 잘 마무리되고 했으니 김 과장과 근사한 곳에서 저녁 식사를 하면 좋겠다고 생각했는데 마침 김 과장으로부터 전화가 왔다. 그러나 강 대리의 예상과는 달리 심각한 문제가 발생했으니 대책을 논의하자는 연락이었다.

강 대리는 전화를 받자마자 김 과장의 방을 찾아갔다. 김 과장은 심각한 표정을 짓고 있다가 강 대리가 들어오자 곧바로 사태를 설명했다.

"조금 전에 니시무라 상의 통역으로부터 전화가 왔어요. 조건을 조금 바꿔야겠다고 하기에 무엇이냐고 물어봤더니 로열티로 2억 엔을 지불하라고 하더군요."

"아니, 갑자기 왜요? 로열티는 없다고 했잖아요."

"그쪽 말로는 원장님을 설득하기 위해 병원 쪽에서 사용하는 가압벨트와 트레이너 양성비를 무료로 해주기로 했기 때문에 어쩔 수 없다는군요. 그렇지만 제 생각에는 그건 핑계고, 미리 그렇게 하려고 작정하고 있었던 듯해요."

김 과장은 침울한 표정으로 말했다.

"그렇군요. 분위기에 휩쓸려 성급히 판단한 것 같습니다. 그 자리에서 좀더 꼼꼼히 따져봤어야 했는데, 지금 와서 그건 너무 무리라고 말하기도 뭣하고. 참 난감하게 됐네요."

"맞아요. 우리가 급하게 달려드는 걸 보고 좀더 무리한 요구를 해도 받아들일 거라고 생각한 것 같아요. 로 볼(Low Ball) 테크닉에 멋지게 당했군요. 치기 쉬운 볼이라고 해서 무턱대고 치는 게 아니었어요. 홈런을 친 줄 알았더니 파울이었군요. 그나저나 부장님께는 벌써 일이 잘됐다고 보고했는데, 뭐라고 보고해야 할지 모르겠군요. 어떻게 하면 좋을까요?"

어려운 문제였다. 새로운 조건을 수용하자니 처음부터 출혈이 너무 심하고, 거절하자니 애써 만들어놓은 우호적인 관계를 망칠 것 같았다. 강 대리는 결심한 듯 말했다.

"아무래도 거절하는 게 옳다고 생각합니다. 그렇게까지 해서는 수익을 내기 어렵습니다. 그리고 그런 요구가 이번 으로 끝날 것 같지 않습니다. 한번 들어주기 시작하면 시시 때때로 그런 요구를 해올 게 뻔합니다. 아쉽지만 이번 일은 포기하도록 하죠."

김 과장도 강 대리의 말이 옳다고 생각하는 것 같았다.

"제 생각도 그래요. 기분도 꿀꿀한데 어디 가서 술 한잔 하죠."

"그래요. 호텔 바에서 한잔 해요."

두 사람은 호텔 바로 내려갔다. 김 과장은 위스키를 한 병 시켜서 강 대리에게 따라주었다. 강 대리도 김 과장에게 따 라주려고 했으나 김 과장은 직접 자신의 잔에 따라 마셨다. 김 과장은 그렇게 아무 말 없이 서너 잔을 연속으로 마셨다. 강 대리 역시 뭐라고 위로의 말을 건네야 할지 몰라 그저 술 만 마시고 있었다. 그러다가 김 과장이 갑자기 침묵을 깼다.

"제가 너무 성급해서 일을 망친 것 같아요. 비즈니스에서 상대에게 조급함을 보이는 것만큼 미련한 짓은 없다는 걸 알면서도 바보같이 행동하고 말았어요. 강 대리님, 미안해 요. 제가 조금만 신중했어도 이런 일은 없었을 거예요."

"아닙니다. 저도 마찬가지죠, 뭐. 그건 과장님 잘못이 아니 에요. 누구라도 그런 상황이었으면 똑같이 행동했을 겁니다."

그러나 강 대리의 위로는 아무런 소용이 없었다. 김 과장은 계속 혼잣말로 자신의 실수를 자책하면서 술을 마셨다. 어느새 술 한 병이 다 비자, 김 과장은 한 병 더 주문했다. 강 대리가 그만 마시고 일어나자고 했으나 막무가내였다. 강 대리는 별수 없이 보조를 맞춰 술을 마셨다.

그런데 김 과장이 갑자기 울기 시작했다. 소리 죽여 나직이 울었으나 강 대리는 금방 눈치 챌 수 있었다. 강 대리는 김 과장이 우는 모습을 보자 가슴이 아파왔다. 문득, 누군가를 바라보며 가슴이 아프다면 그 사람을 사랑하는 것이라고 했던 윤석중의 말이 떠올랐다. 그 순간 강 대리는 자신도 모르게 김 과장에게 말했다.

"나연 씨! 저… 나연 씨를 사랑합니다."

김 과장은 그 소리를 듣자, 울음을 멈추고 멍하니 강 대리를 바라봤다. 강 대리 역시 자신이 한 말에 놀라 멍하니 김 과장의 얼굴만 바라봤다. 이윽고 김 과장이 제정신이 든다는 듯 한마디 던지고는 바를 떠났다.

"강 대리님, 취하셨군요."

5 | 의미 공유에는 기술이 필요하다

오해가 오해를 부른다

강 대리는 지끈거리는 머리를 부여잡고 간신히 잠에서 깼다. 그리고 어제 있었던 일을 떠올리려 애를 썼다. 다른 일들은 모두 희미한데, 오직 한 가지만은 뚜렷하게 떠올랐다.

"강 대리님, 취하셨군요."

다른 사실들은 기억할 필요도 없었다. 강 대리는 그 한마디로 사랑을 술주정 정도로 여기는 몹쓸 인간이 된 것이다. 강 대리는 김 과장이 그 말을 던지고 바를 떠난 후 인사불성이 되도록 술을 마셨다. 어떻게 방에 올라왔는지도 기억이 나지 않았다. 강 대리는 간신히 침대에서 몸을 일으켜 화장실로 갔다. 찬물로 세수를 하고 나자 조금 정신이 들었다. 화장실을 나와 아침을 먹으러 가기 위해 옷을 주섬주섬 챙겨 입던 강 대리는 셔츠를 입다가 깜짝 놀라고 말았다. 셔츠 가슴 부근에 여자의 립스틱이 묻어 있었던 것이다. 이때부터 강 대리의 머릿속은 바빠지기 시작했다.

'어젯밤 무슨 일이 있었던 거지? 내가 혼자 올라와서 옷을 벗고 잔 것이 아니었나? 그게 아니라면 누가, 아니 어떤 여자가 내 옷을 벗겨주었지? 그 여자랑 아무 일도 없었던 것일까?'

강 대리는 혹시나 해서 방 안 구석구석을 살펴보았지만 셔츠의 립스틱 자국 말고는 단서가 될 만한 물건은 아무것도 없었다. 강 대리는 머릿속이 복잡했지만, 설마 얼굴도 모르는 여자와 불장난을 하지는 않았으리라 생각하며 방을 나섰다. 식당을 가기 위해 엘리베이터를 기다리는데 김 과장이 생글생글 웃으며 강 대리에게 아침 인사를 건넸다.

"어젯밤은 잘 주무셨어요? 많이 취하신 것 같던데, 속 괜찮으세요?"

강 대리는 김 과장이 그렇게 웃으며 말하니 화를 내는 것보다 더 비참해졌다. 김 과장은 자신의 마음을 장난으로 받아들이고 있는 것이라 생각했다. 그러나 지은 죄가 있으니 드러내고 화를 낼 수도 없는 노릇이었다.

"네, 덕분에 잘 마셨습니다. 속이야 탈이 나든 말든 상관없습니다. 내 몸이 탈난다고 해서 걱정할 사람은 아무도 없으니까요."

화를 내지는 않았지만 심사가 꼬였던지라 김 과장의 말을 삐딱하게 받아쳤다. 김 과장은 강 대리의 성의 없는 대답에 화가 났다. 순진한 줄로만 알았던 강 대리가 저렇게 나올 줄은 꿈에도 몰랐다. 화장실에 들어갈 때와 나올 때의 마음이 다르다고는 해도 저렇게 다를 수는 없는 법이었다. 김 과장은 이럴 줄 알았으면 어제 그냥 바에다 내버려둘걸 하고 후회했다.

사실 김 과장은 어젯밤 강 대리의 고백을 받고 가슴이 두근두근했다. 강 대리의 고백에 뭐라고 대답해야 할지 몰라 대충 얼버무리고 방으로 올라오고 말았지만 그런 고백이 싫지만은 않았다. 그래서 다시 내려가서 이야기를 나눠볼까 생각해 봤지만 아무래도 이상하게 보일 수 있겠다 싶어 내려가지 않았다. 잠도 오지 않아 노트북을 켜고 출장 보고서를 작성하기 시작했다. 그런데 1시간쯤 지났을까, 호텔 프런트에서 전화가 왔다. 동료가 바에서 술에 많이 취해 자고 있으니 어떻게 해보라는 것이었다.

김 과장이 급하게 바에 내려갔더니 강 대리는 술에 취해 테이블에 엎드려 자고 있었다. 김 과장은 바텐더의 도움을 받아 강 대리의 방까지 그를 부축해서 데려왔다. 김 과장이 방을 나서려는데 강 대리가 소리쳤다.

"야, 김나연! 네가 뭐가 잘났다고 사나이의 순정을 그렇게 짓밟냐!"

김 과장이 깜짝 놀라며 뒤를 돌아다보니 강 대리가 침대에 누워 잠꼬대를 하고 있었다. 김 과장은 놀란 가슴을 쓸어내리며 겉옷이라도 벗겨주어야겠다 싶어 강 대리의 침대로 다가가 겉옷을 벗기는데, 몸을 뒤척이던 강 대리가 김 과장을 갑자기 덥석 끌어안았다. 김 과장은 순식간에 당한 일이라 넋이 나간 채 강 대리의 가슴에 얼굴을 파묻고 있을 수밖에 없었다. 강 대리는 김 과장을 꼭 끌어안은 채 중얼거렸다.

"나연아, 너 그렇게 강한 척하지 마라. 힘들면 힘들다고 얘기해. 그게 뭐 그리 힘든 일이라고 만날 속으로만 끙끙대냐. 네 마음 다 안다. 다 안다고."

강 대리는 그렇게 중얼거리다 김 과장을 안은 채 잠이 들었다. 김 과장은 강 대리의 잠꼬대가 끝난 뒤에도 한동안 강 대리의 가슴에 얼굴을 기대고 있었다. 술에 취해 한 말이었지만 김 과장은 강 대리의 말을 듣고 가슴이 따뜻해지는 느낌을 받았다.

김 과장은 또다시 눈물이 나올 것 같아 강 대리의 몸에서 살며시 얼굴을 들어올렸다. 그리고 침대 한쪽에 앉아 강 대리의 잠든 모습을 바라봤다. 이렇게 무방비 상태로 자고 있는 남자의 모습을 바라보는 것은 처음이었다. 가끔 뭐라고 웅얼대며 이리저리 뒤척거리는 모습이 나이에 걸맞지 않게 귀여워 보였다. 그렇게 한참을 바라보고 있는데 갑자기 강 대리가 잠결에 갑갑했는지 벌떡 일어나 옷을 벗으려고 하자 김 과장은 화들짝 놀라 강 대리의 방을 빠져나왔다. 김 과장은 방에 돌아와서 한동안 두근거리는 가슴을 진정시키느라 애쓰다 잠이 들었다.

김 과장은 아침 일찍 눈을 떴다. 전화를 해서 강 대리를 깨워 같이 아침 식사를 하러 갈까 생각했지만, 푹 자도록 두었다. 대신 강 대리가 깨어나서 방을 나서면 언제든지 같이 식사하러 갈 수 있도록 만반의 준비를 하고 있었다. 강 대리가 문을 열고 나오는 소리가 들리자 김 과장은 자신도 지금 막 아침 식사를 하러 가는 척 문을 열고 나갔다. 그리고 강 대리에게 밝은 목소리로 인사를 했다.

그런데 강 대리는 김 과장의 마음을 몰라주고 인사를 싸늘하게 받았다. 결국 김 과장은 김 과장대로, 강 대리는 강 대리대로 심사가 뒤틀려 각자 아침 식사를 마치고 공항으로 출발했다. 비행기를 타고 오는 동안 내내 두 사람은 한 마디도 나누지 않았다. 입국 심사를 마치고 나와서 김 과장이 처음으로 입을 열었다.

"시간이 애매하니 강 대리님은 집으로 돌아가세요. 제가 회사에 가서 부장님께 보고할게요."

김 과장은 할 말만 한 뒤, 뒤도 돌아보지 않고 회사로 향했다.

고 부장은 김 과장을 보자마자 반갑게 맞이했다. 그러나 김 과장의 보고를 듣고는 얼굴이 어두워졌다. 그러나 곧 밝은 얼굴로 김 과장을 위로했다.

"오랜만에 예술 작품 하나 만들어보나 했는데 아쉽게 됐군. 위에서도 이번 일에는 큰 관심을 보였는데 할 수 없지. 그렇지만 너무 기죽지 말게. 자네가 잘못한 건 하나도 없으니까 힘내라고. 피곤할 테니 어서 집에 들어가 쉬어요. 자세한 얘기는 내일 합시다."

다음 날 고 부장은 부서원들을 모아놓고 김 과장에게 일본 연수에 대한 브리핑을 하도록 했다. 고 부장은 애초에 일본 연수의 목적은 침체돼 있는 분위기에 활력을 넣어보고자 했던 것이므로 가압벨트 건과는 상관없이 일본의 전반적인 시장 분위기에 대해 설명하도록 했다. 김 과장은 부서원들에게 일본의 전반적인 시장 분위기를 전하고 마지막으로 가압벨트 건에 대해 자세히 설명했다. 가압벨트에 대한 설명을 들은 부서원들은 계약이 성사되지 못한 것에 대해 많이 아쉬워했다.

김 과장의 브리핑이 끝나자 강 대리가 조심스럽게 얘기를 꺼냈다.

"저, 부장님. 가압벨트에 대해 말씀드릴 게 있습니다. 어제 귀국해서 집으로 곧장 가지 않고 특허청에 들러서 확인을 해봤는데, 가압벨트는 특허 등록이 돼 있지 않다고 합니다. 니시무라 씨는 병원 쪽에서 한국으로 진출한다고 하니까 별 관심이 없었나 봅니다.”

“특허 등록을 안 한 것이 그렇게 중요한가?”

“그렇습니다. 저희가 만들면 된다는 얘기죠. 그렇게 되면 로열티를 지불할 필요도 없고, 비싼 가격으로 들여올 필요도 없습니다.”

“그렇지만 그게 쉽게 만들 수 있는 건가? 병원 쪽에서 먼저 진출하면 만들어봤자 소용없는 것 아닌가?”

“기본적인 메커니즘은 알고 있으니 만드는 데 시간이 오래 걸리지는 않으리라 생각합니다. 의료 기기를 전문적으로 생산하는 업체에 기술 의뢰를 하면 금방 만들 수 있을 것입니다. 그리고 일본 병원의 진출도 그리 걱정할 것은 못 됩니다.”

“그건 또 왜 그렇지?”

“우리나라가 의료 시장을 외국에 개방하겠다고는 했지만, 아직 법적인 제약이 많습니다. 특히 의료보험 제도가 정비되지 않는 한 일본 병원이 들어온다 해도 우리나라에서 수익을 올리기는 어렵습니다. 즉, 그쪽에서 봉사하는 마음으로 오지 않는 이상 한국에 진출하는 것은 예상보다 시간이 걸릴 것입니다.”

“그렇지만 의료 시장 자체가 그렇다면 우리도 수익을 올리기에 문제가 있는 것 아닌가?”

"김 과장과 일본에 있을 때 그 점에 대해 얘기를 나눴는데, 당장 의료 시장에 뛰어드는 게 아니라 니시무라처럼 일단은 헬스클럽 중심으로 운영을 하면 큰 문제가 없으리라 생각합니다."

그때 김 과장이 문제점을 지적하고 나섰다.

"그런데 한 가지 문제가 있습니다. 개인이 함부로 조작하면 위험하다고 들었습니다. 그 문제는 어떻게 해결하죠?"

"개개인의 혈압에 맞게 조정하면 큰 문제는 없다고 들었습니다. 구체적인 조작 방법은 우리 쪽 사람 한 명을 일본에 보내 트레이닝시키면 될 것이라 생각합니다."

"그래도 여전히 문제점이 남습니다. 일본에서야 어느 정도 정착이 되어 여러 분야에 활용되고 있지만, 우리나라의 경우 검증을 거치지 않았습니다. 과연 사람들이 검증도 안 된 트레이닝을 받으려 할까요? 과학적인 데이터가 없으면, 정말 아무것도 아닌 고무벨트에 불과한데 말이죠. 그렇다고 일본 쪽에 데이터를 요청할 수 있는 상황도 아니잖아요?"

김 과장은 계속 문제점을 제시했다.

"그것도 큰 문제는 아닙니다. 우리나라에서도 예방의학이나 재활의학, 스포츠 과학 분야 쪽에서는 관심을 가지고 연구하고 있는 사람이 분명히 있을 것입니다. 그런 분들과 접촉해서 공동으로 개발하면 제품에 대한 신뢰를 얻을 수 있을 것입니다."

김 과장과 강 대리의 공방은 끝날 것 같지 않았다. 그러자 중간에 고 부장이 끼어들었다.

"세부적인 사항은 일을 진행시키면서 수정하도록 하자고. 일단 강 대리의 말대로 한번 부딪혀보는 게 중요하다고 생각하네. 그렇지만 김 과장처럼 문제점을 제시하는 것 역시 중요하지. 발생할 가능성이 조금이라도 있는 불안 요소들을 제거하면서 일을 진행해야 성공할 확률도 높아지는 걸세. 그러니 이번 프로젝트는 강 대리와 김 과장이 중심이 되어 진행하는 것이 좋을 것 같네. 위에는 내가 보고할 테니 마음 놓고 일을 진행해 보게. 작품 하나 만들어보는 거야."

고 부장의 제안을 마지막으로 회의는 끝이 났다. 김 과장과 강 대리는 같이 프로젝트를 진행하는 게 껄끄러웠지만 공과 사는 구분해야 했기에 고 부장의 제안을 받아들였다.

눈치가 없으면 침묵이 약이다

강 대리는 프로젝트에 윤석중과 나혜림을 참여시켰다. 우선 윤석중에게는 일본 유학 시절 친분이 있었던 사람을 통해 가압벨트를 구입하는 일, 나혜림에게는 만들어 줄 수 있는 의료 기기 업체를 알아보는 일을 시켰다. 그리고 김 과장과 강 대리는 좀더 세부적인 사항을 논의했다.

일을 진행하면서 김 과장은 강 대리의 새로운 면을 발견했다. 인관관계나 커뮤니케이션이 미숙해서 일처리도 그저 그러려니 했는데, 예상외로 치밀하게 일을 진행시켜 나갔다. 그리고 그런 점이 자신과 많이 닮았다고 생각했다. 그러나 일은 일이고, 강 대리의 이중적인 면은 생각하면 생각할수록 용서가 되지 않았다. 한 번쯤은 그날의 일에 대해 언급할 줄 알았는데, 냉정하게 일에만 매달리고 있는 강 대리의 모습을 보니 이러면 안 된다고 생각하면서도 화가 부글부글 끓어올랐다. 그래서 자신도 철저하게 강 대리를 사무적인 태도로만 대하겠다고 결심했다.

강 대리는 일을 하는 도중에도 그날의 일을 생각하면 부끄럽기도 하고 화가 나기도 했다. 술에 조금 취했다고는 해도 그런 말을 생각 없이 내뱉는 게 아니었다. 그렇다고 해서 비꼬듯이 자신을 대한 김 과장도 용서가 되지 않았다. 그러나 일이 우선이니 감정을 드러낼 수는 없었다. 이번 일만큼은 무슨 일이 있어도 성공시키고 싶었다.

강 대리가 이번 일에 이렇게 집착하는 것에는 이유가 있었다. 강 대리에게는 중풍으로 고생하시는 아버지가 계셨다. 늦게 본 아들자식 뒷바라지하느라고 고생만 하다가 정작 아들이 번듯한 회사에 취직해서 효도 좀 해보려고 했는데 중풍으로 쓰러지고 만 것이다. 게다가 어머니 또한 아버지의 병수발을 드느라고 몸이 많이 약해진 상태였다. 그러나 아버지는 중풍으로 쓰러진 다음에도 늘 아들 걱정만 했다. 당신이 이렇게 돼서 자식 앞길을 막고 있다는 것이다. 강 대리가 결혼은커녕 여자 친구도 한 명 변변히 사귀어보지 못한 것도 당신 때문이라고 자책했다.

강 대리는 아버지의 모습을 지켜보며 가슴이 아팠다. 아버지 친구들은 손자들 재롱떠는 재미로 시간 가는 줄 모르고 사시는데, 아버지는 손자는커녕 몸이 성치 않아 외출도 자유롭게 못하시니 이웃 사람들이나 친척들을 볼 면목이 없었다. 게다가 회사 동료들이 사정도 모르고 아직도 부모님 그늘 밑에서 헤어나지 못하는 캥거루족이라고 수군댈 때는 집에서 나와 살까 하는 몹쓸 생각까지 한 적이 있었다. 그래서 이래저래 강 대리는 부모님께 죄스러운 마음을 가지고 있었다.

그런데 이번 일본 연수 때 견학한 건강센터에서 아버지와 비슷한 증세를 가진 중풍 환자가 치료를 받고 나아지는 것을 보고, 아버지를 일본으로 모시고 갈 수는 없어도 저런 시스템을 우리나라에 도입하면 아버지와 같은 노인성 질환으로 고생하는 사람들에게 큰 도움이 되리라 생각했다.

강 대리는 이번 일이 성공만 하면 많은 사람들이 혜택을 받을 수 있을 것이라 생각했다. 김 과장은 차가운 여자이기는 하지만 일만큼은 정열적으로 매진하니 둘이 합심해서 일을 하면 좋은 결과를 낼 수 있으리라는 확신도 있었다. 다행히 김 과장이 일본에서의 실수를 더 이상 언급하지 않아 강 대리는 맘 편하게 일할 수 있었다.

강 대리가 이런 생각에 잠겨 있는데, 윤석중이 커피나 한 잔 하자며 강 대리를 휴게실로 데리고 갔다. 윤석중은 커피를 뽑아 강 대리에게 건네며 넌지시 물었다.

"일본에서 저희 귀국한 다음에 아무 일 없었어요?"

"협상이 깨진 것 말고는 별다른 일 없었는데?"

"에이, 그런 일 말고요. 김 과장님과 별일 없었냐고요."

"난, 또 뭐라고. 별일 있었지."

윤석중은 혹시나 해서 찔러봤는데 강 대리가 무슨 일이 있었다고 하자 궁금한 마음에 대답을 재촉했다.

"그래, 진도는 어디까지 뽑으셨어요?"

"진도는 무슨. 책장 넘기기도 전에 수업 끝나버렸다. 따지고 보면 그게 다 네 덕분이다."

"제 덕분이라뇨? 그게 무슨 말이에요? 좀 알아듣게 설명해 보세요."

강 대리는 그날 있었던 일을 자세히 설명해 주었다. 윤석중은 강 대리의 말을 듣고 나서 어이없다는 듯 강 대리를 쳐다보며 말했다.

"상황을 봐가면서 고백을 해야지, 그렇게 단도직입적으로 사랑 고백을 하는 사람이 어디 있어요? 상갓집에 문상하러 가서 잘 죽었다고 하실 거예요?"

강 대리는 윤석중의 말을 듣고서야 자신이 잘못했다는 것을 깨달았다. 윤석중은 처음부터 다시 시작해 보라고 했지만, 강 대리는 한번 깨져버린 접시는 다시 붙이기 어려운 것이라 생각했다. 강 대리는 화제를 돌려 윤석중에게 나혜림하고는 어떻게 되고 있는지 물어봤다.

"저야 뭐, 그쪽으로는 베테랑 아닙니까. 진도 쭉쭉 잘 뽑고 있으니 조만간에 국수 드실 수 있을 겁니다. 강 대리님은 특별히 두 그릇 드리죠. 많이 드시고 김 과장님과 잘해 보세요."

강 대리는 윤석중이라도 잘되고 있는 게 다행이라고 생각했다. 그러고 보니 나혜림과 거리를 두길 잘한 것 같다는 생각이 들었다. 강 대리는 윤석중과 이런저런 얘기를 하다 사무실로 돌아왔다. 강 대리는 자리에 앉으며 나혜림에게 말을 건넸다.

"축하해요, 혜림 씨. 언제쯤 국수 먹을 수 있나요?"

강 대리가 나혜림에게 하는 말을 듣고 윤석중은 얼굴이 파랗게 질렸다. 나혜림은 정색을 하며 대답했다.

"그게 무슨 말씀이세요? 국수라니요? 누가 그런 이상한 소문을 퍼뜨리고 다니나요?"

"에이, 그렇게 아닌 척하지 않아도 돼요. 석중 씨에게 애기 다 들었어요. 그러니까…."

윤석중이 안 되겠다 싶어 강 대리의 입을 막았으나, 이미 때는 늦어버린 후였다. 나혜림은 화난 얼굴로 윤석중에게 잠깐 휴게실에서 보자고 하고는 횅하니 사무실을 나섰다. 조금 지나자, 나혜림이 씩씩거리며 사무실로 들어오고 윤석중이 풀이 죽은 모습으로 따라 들어왔다. 윤석중은 자리에 앉으며 강 대리에게 원망 섞인 말투로 얘기했다.

"강 대리님, 정말 너무하십니다. 죽으려면 혼자 죽지, 왜 저까지 끌고 들어가십니까?"

"내가 뭘? 석중 씨가 조만간에 국수 먹을 것 같다고 그러기에 축하해 주려고 했던 거지 뭐."

"아니, 그래도 그렇지. 그 말을 액면 그대로 받아들이는 사람이 어디 있어요. 적당히 알아들으셔야지요. 세상에 사귀자마자 결혼하는 사람이 어디 있습니까? 어휴, 내가 정말 강 대리님 때문에 못 살겠어요."

명 함 주 고 받 는 법

- 명함은 서서 주고받는다. 자리에 앉은 채 받지 않도록 주의한다.
- 두 손으로 내밀고, 두 손으로 받는다. (명함 케이스를 놓을 장소가 있는 경우에는 케이스를 내려놓고 두 손으로 명함을 내밀며, 명함 케이스를 놓을 자리가 없을 때는 한 손에 명함 케이스를 쥐고 다른 손으로 명함을 내민다.)
- 아랫사람이 먼저 내민다. 방문한 사람이나 아랫사람이 먼저 내미는 것이 일반적이다.
- 명함은 반드시 본인의 이름이 상대방 쪽으로 향하게 전달한다.
- 명함을 내밀 때 자신의 소속과 이름을 복창하며 내미는 것이 좋다.
- 명함을 받으면, 회사명/부서명/이름을 확인하며 한자 등 읽지 못하는 글씨가 있을 때는 상대에게 정확히 물어보는 것이 좋다.

“그러게, 솔직히 말하지 그랬어. 난 그런 쪽은 잘 모르니까 곧이곧대로 믿을 수밖에 없지. 과장해서 말한 석중 씨에게도 잘못은 있어.”

“아, 몰라요. 다시는 강 대리님하고 그런 얘기 안 할 거예요. 죽을 때까지 평생 혼자 사세요.”

윤석중은 단단히 삐친 모양이었다. 이미 엎질러진 물이었다. 강 대리는 윤석중에게 조금 미안한 감정을 느꼈지만, 지금은 그런 문제에 신경 쓸 때가 아니었다.

인연의 끈은 장담할 수 없다

계절은 어느덧 여름으로 접어들고 있었다. 가압벨트 제작도 탄력을 받아 8월 말쯤에는 시제품이 나올 수 있는 단계에 접어들었다. 가압 근력 트레이닝을 배우기 위한 인력도 이미 일본에 파견해 놓았으니, 일이 제대로만 진행되면 10월쯤에는 실용화에 들어갈 수 있었다.

이제 가압벨트를 어떤 방식으로 시장에 선보일 것인가 하는 문제만 남았다. 이 문제에 대해서는 논란이 많았다. 회사의 입장에서는 헬스클럽이나 피트니스센터 같은 분야는 전혀 진출해 본 적이 없기 때문에 경험이 많은 회사와 제휴를 하고 싶어 했다. 그러나 마땅한 회사를 찾기가 어려웠다. 전국적인 체인망을 가진 회사의 경우 가압 근력 트레이닝을 자신들만의 특화 프로그램으로 가져가고 싶어 했다.

김 과장과 강 대리는 시제품이 나오자 제휴 가능 업체 리스트를 작성한 뒤, 시제품을 들고 직접 부딪혀보기로 했다. 그러나 시제품을 들고 접촉한다고 해서 예전과 크게 달라진 것은 없었다. 큰 관심을 보이기는 했지만 제휴보다는 독립적으로 사업을 하고 싶어 했다. 김 과장과 강 대리는 제휴 업체 리스트에서 업체가 하나 둘씩 지워질 때마다 지쳐갔다. 결국 마지막으로 한 업체만 남게 되었다. 사실 그 업체는 리스트에 집어넣지 않으려고 했던 곳이었다. 외국계 피트니스 클럽에 맞서 꿋꿋하게 국내 1위 자리를 지키고 있는 전국적인 체인망을 가진 업체였다. 규모가 큰 업체일수록 요구 사항이 많았기 때문에 기대 없이 마지막에 집어넣었던 것이다. 사실상 제휴 업체를 찾는 일은 실패했다고 봐야 했다.

그러나 못 먹는 감 찔러나 본다고, 김 과장과 강 대리는 오히려 가벼운 마음으로 업체를 방문했다. 이 업체도 가압 벨트 자체에는 큰 관심을 보였다. 그러나 제시한 조건에는 고개를 흔들었다.

그런데 기회는 정말 생각지도 못했던 곳에서 찾아왔다. 어떤 노신사가 사무실로 들어오다가 강 대리를 보고 아는 척을 했다.

"자네 혹시 동운이 아닌가? 강동운."

"예, 맞습니다만."

"그래, 맞구먼. 강 하사 젊었을 때와 정말 똑같이 생겼어. 강 하사가 늘 자네 얘기만 해서 아직도 자네 이름을 까먹지 않고 있었네."

강 대리는 처음에는 누군가 어리둥절했으나, 아버지를 강 하사라고 부르는 것을 듣고 아버지가 월남전 때 상관으로 모셨던 민 대위라는 것을 기억해 냈다. 어릴 때 아버지께서 늘 월남전 얘기만 나오면 민 대위 얘기를 해주었기 때문에 얼굴은 몰라도 그분이 민 대위라는 것을 어렴풋이 짐작할 수 있었다.

"민 대위님 맞으시죠? 아버지께서 늘 생명의 은인이라고 말씀해 주셔서 기억하고 있습니다. 민 대위님 아니었으면 월남에서 살아 돌아올 수 없었다고 하셨어요."

강 대리의 아버지는 틈만 나면 강 대리에게 월남전 때의 얘기를 해주었다. 특히 당신이 소대원들을 이끌고 수색정찰을 나갔다가 베트콩의 매복 작전에 걸려 생사의 갈림길에 섰을 때 민 대위가 적의 포탄을 뚫고 구하러 온 얘기는 귀에 못이 박히도록 해주었다. 귀국 후 아버지는 곧바로 제대하셨고, 민 대위는 월남에 좀더 있다 귀국하여 군에 계속 복무하였기 때문에 연락이 끊어졌다고 했다. 그게 마음에 걸리셨는지 혹시라도 어디에선가 민 대위를 마주치면 당신의 생명의 은인임을 잊지 말라고 늘 당부했다.

"여기서 이럴 게 아니라 저녁때도 다 되고 했으니 어디 가서 식사나 하며 얘기를 나누도록 하세. 궁금한 게 너무 많네."

강 대리는 김 과장을 먼저 회사에 들여보내고 자신은 민 대위를 따라 근처 식당에 들어갔다.

"삼계탕 괜찮지? 이 집이 이렇게 허름해 보여도 삼계탕만 30여 년간 해온 집이라네. 이렇게 더위에 지칠 때 한 마리 먹고 나면 힘이 불끈 솟는다네."

민 대위가 자리를 잡고 삼계탕 두 그릇을 주문하자, 강 대리는 민 대위에게 명함을 건네며 정식으로 자신을 소개했다. 민 대위는 강 대리의 명함을 받아들고 한 번 훑어본 뒤 곧이어 자신의 명함을 건넸다. 민 대위가 건넨 명함에는 '스타 피트니스 회장 민찬기'라고 적혀 있었다.

"이거 뭐라고 불러야 하나. 다 큰 사람 이름을 함부로 부르기도 뭐하니 강 대리라고 불러야 하겠구만."

"아닙니다. 그냥 동운이라고 불러주세요. 그게 듣기 편합니다."

"그래, 그럼 그렇게 하지. 참, 강 하사는 잘 지내나?"

"사실 요즘 건강이 좋지 않으십니다. 몇 해 전에 중풍으로 쓰러지셨어요. 아직도 주변 사람 도움 없이는 외출하기 힘드십니다."

강 대리의 말을 들은 민 대위의 얼굴 표정이 어두워졌다.

"음, 누구보다도 용감한 군인이었던 강 하사가 그렇게 되다니 정말 믿기지 않는군. 오랜만에 옛 전우를 만나보는가 했는데. 그런 상황이라면 내 앞에 모습을 보이고 싶어 하지 않겠군. 강 하사는 늘 강인한 군인으로 기억되길 바랄 거야."

강 대리는 우울한 분위기를 전환하기 위해 아버지와 연락이 끊어진 뒤의 일들에 대해 물어봤다. 민 대위는 그동안의 일을 강 대리에게 이야기해 주었다.

"강 하사가 귀국하고 1년 뒤인가? 나도 귀국하게 되었지. 강 하사의 소식을 물어보니 이미 제대한 뒤더군. 나도 곧바로 군복을 벗으려고 했는데, 얼마 안 있어 소령을 달아주더라고. 그래서 그냥 군대에 말뚝을 박았지. 그런데 자네도 알다시피 장교들은 한곳에 오래 머무를 수가 없지. 그래서 여기저기 떠돌다 보니 강 하사하고도 연락이 끊기게 되었네. 진급 운이 있었던지 소장까지 달아보고 10여 년 전에 예편했네."

"그럼 민 소장님이라고 해야겠네요."

"무슨, 예편한 지가 언젠데. 이제는 그냥 별볼일없는 노인네지. 사업도 얼마 전에 아들놈에게 물려주고 지금은 그냥 이름만 걸어두고 있네."

얘기를 하는 동안 삼계탕이 나왔다. 상이 차려지는 동안 두 사람은 잠시 이야기를 멈추었다가 삼계탕을 먹으며 이야기를 계속 이어갔다.

"그런데 자네 여기는 무슨 일로 온 건가?"

강 대리는 가압벨트에 대해 설명하고, 사업 제휴가 가능한지 타진해 보기 위해 들렀다고 대답했다.

"음, 그런데 아들놈이 욕심을 부린다 이거지. 그러나 나쁘게 생각하지 말게. 사업을 하는 사람의 입장에서야 수익을 더 올릴 수 있는 쪽으로 마음이 가게 마련 아닌가?"

"물론 충분히 이해합니다. 그렇지만 이번 경우에는 다른 각도에서 접근해 주었으면 좋겠다는 생각이 들어서요."

"어떻게 생각해 달라는 것인가?"

"이번 일은 단순한 수익 사업으로 생각하기보다는 국가와 국민을 위한 일이라고 생각해 주었으면 합니다."

"어째서 그런가?"

"가압 근력 트레이닝이 전국적으로 보급이 되어 활성화되면 국민 건강 증진에 큰 도움이 될 것입니다. 특히 노인들에게 좋은 트레이닝인데, 노인들의 건강이 향상되면 그만큼 노인 복지에 들어가는 비용이 줄어들 것입니다. 노인들이 건강하면 생산적인 일에 투입될 수 있을 것이고, 그들이 경제활동을 하면 그만큼 국민의 세금 부담은 줄어들게 되는 것이죠. 이미 고령화 사회로 접어든 이 시점에서 노인들의 건강만큼 중요한 것은 없다고 봅니다."

민 대위는 조용히 눈을 감고 깊은 생각에 잠겼다. 그리고 결심했다는 듯 강 대리에게 자신의 생각을 얘기했다.

"사실 지금의 사업도 국가와 국민을 위한 일이라고 생각해서 시작한 것이라네. 남들은 군인이다 보니 사회에 대한 감각도 없고 해서 손쉽게 할 수 있는 일을 골랐다고 입방아를 찧어댔지만, 군에 있을 때나 사회에 나와서나 국민의 건강만큼 국력에 큰 도움이 되는 일은 없다고 생각했네. 그래서 군에 있을 때 군사 훈련보다 장병들의 체력 단련에 더 힘썼지. 덕분에 나 같은 사람은 국군체육부대장이 되어야 한다고 놀림도 많이 받았지. 하하하."

민 대위는 한바탕 웃은 뒤 얘기를 계속 이어갔다.

"지금은 내게 실질적인 경영권이 없네. 아까도 말했지만 사업은 이미 아들놈에게 물려주고 이름만 걸어놓은 상태지. 아들놈을 설득하려면 수익성이 높다는 것을 보여주어야 하네. 그리고 내가 제시하는 조건도 만족시켜야 해."

"어떤 조건입니까?"

"자네 말대로 최대한 많은 국민이 혜택을 받을 수 있어야 한다는 조건일세. 말하자면 수익성도 있으면서 공익성도 살리는 방법을 찾아내라는 소리지."

이제 선택권은 강 대리에게로 넘어온 셈이었다.

"네, 알겠습니다. 일주일만 시간을 주십시오. 민 소장님의 조건을 충족시키는 아이디어를 가지고 다시 찾아뵙겠습니다."

　강 대리는 민 소장을 설득하기 위해 국가와 국민을 위한 일이라고 거창하게 얘기했지만, 단순한 사탕발림이라고 생각하지 않았다. 처음에는 아버지를 위한 일이라고 생각했지만 일을 진행해 갈수록 강 대리의 마음속에서는 사명감이 생겨났다. 민 소장이 제시한 조건이 까다롭기는 했지만, 오히려 좋은 자극이 되었다. 강 대리는 이번 일을 꼭 성공시키겠다는 결심으로 불타올랐다.

남 녀 의 대 화 방 식 의 차 이

　여성에게는 관계 중심으로, 남성에게는 경쟁 중심으로 이야기하는 것이 좋다. 여성에게 대화는 관계를 지키는 매우 중요한 수단이다. 여성은 결과나 사물 자체보다 사람과 느낌을 소재로 이야기한다.

　반면 남성의 대화법은 결론 중심이다. 그리고 힘에 근거한 대화를 추구하기 때문에 정치, 운동, 술, 성 등이 주된 소재가 된다. 남성이 많은 그룹에서 일하는 여성이라면, 어느 정도 그들의 대화법에 맞추는 것이 좋다. 음담패설에 동참하라는 것이 아니라, 남성들이 다루는 대화 주제에 맞장구도 쳐주고 동조하는 분별 있는 모습을 보이라는 것이다.

　사회생활은 남성과 여성이 함께 모여 하기 때문에, 성별과 상대에 맞게 대화를 풀어나가는 방법을 터득해야 한다.

6 | 설득의 고수가 되다

오해와 오해의 거리는 진심이 채운다

강 대리는 다음 날 어제 일을 브리핑했다. 브리핑이 끝나자 고 부장이 입을 열었다.

"수익성과 공익성을 모두 실현시키는 방법이라. 상당히 어려운 과제이지만 모두가 머리를 맞대고 고민하다 보면 좋은 방법이 나오겠지. 쉽게 얘기하면 되도록 많은 사람들이 싼 가격으로 이용하면서도 수익을 거둘 수 있어야 한다는 것인데, 우선 한 가지씩 해결하도록 하지. 먼저 많은 사람들이 이용할 수 있는 방법은 뭐가 있을까?"

그런데 이 대리가 고 부장의 말에 반론을 제기했다.

"스타 피트니스와 제휴하면 그 문제는 자연스럽게 해결되는 것 아닙니까? 스타 피트니스와 우리 회사가 제휴를 하려는 이유도 바로 그 점 때문이니, 별로 고민할 문제는 아니라고 보는데요."

그러자 강 대리가 이유를 설명했다.

"이 대리의 말이 틀리지는 않습니다. 그러나 스타 피트니스가 전국적인 체인망을 완벽하게 구축하고 있는 것은 아닙니다. 가압벨트에 대해 설명하면서 노인들에게 특히 좋은 것이라고 말씀드린 적이 있는 걸로 알고 있습니다. 그런데 노인들은 도시보다 시골에 많이 거주하고 있습니다. 따라서 도시에만 집중되어 있는 스타 피트니스는 한계가 있다는 것입니다."

"오케이, 오케이. 이제 그만. 더 이상 싸우면 두 사람 다 나의 거침없는 하이킥을 맛보게 될 것이야."

고 부장은 이미지 개선을 위해 노력한 덕분에 부서원들이 자신을 친근하게 대하는 것을 보고, 요즘에는 한 단계 업그레이드하기 위해 대학생인 큰딸에게 아침마다 하나씩 유행어를 배우는 중이었다. 그날 배운 유행어는 그날 써먹었는데, 부서원들의 반응이 좋았다. 그러나 진지한 회의 시간에 써먹은 게 문제였다. 강 대리와 이 대리는 어이없다는 듯 고 부장을 쳐다보았다. 모양새야 어떻든 분위기 전환에는 효과가 있었다. 고 부장의 썰렁한 유행어로 분위기가 좀 진정되자 이 대리가 입을 열었다.

"지금까지 고객을 불러들인다는 개념만 가지고 고민했기

때문에 이 같은 논쟁이 벌어진 것이라 생각합니다. 가압벨트의 장점 중의 하나가 바로 휴대성이죠. 따라서 고객을 기다리기만 할 것이 아니라 전문 트레이너가 고객을 직접 방문하면 좀더 많은 고객에게 혜택을 줄 수 있으리라 생각합니다. 이제 수익성과 관련된 문제만 남는데, 사실 시골 분들에게 비싼 요금을 받고 서비스를 할 수는 없습니다. 결국 고객이 저렴한 요금으로 서비스를 이용하기 위해서는 다른 곳으로부터 보조를 받아야 합니다. 가장 우선적으로 생각할 수 있는 곳은 각 지역 지자체입니다."

이 대리의 제안에 특별히 다른 의견을 내세우는 사람은 없었다. 강 대리도 일리가 있다고 수긍을 하는 표정이었고, 다른 부서원들도 좋은 방법이라고 생각하는 것 같았다. 별다른 의견이 나오지 않자 고 부장이 회의를 정리했다.

"그럼 강 대리가 오늘 나온 의견을 정리해서 스타 피트니스 대표와 협상하게. 그쪽에서 최종적으로 우리의 제안을 받아들이면 영업부와 협의해서 본격적으로 일을 진행하도록 하겠네. 그럼 이만 회의를 마치도록 합시다."

강 대리는 회의를 마치고 서둘러 자기 부서로 돌아가는 이 대리를 불러 세웠다. 이 대리가 웬일이냐는 듯한 표정을 지으며 강 대리의 얼굴을 빤히 쳐다보자 강 대리는 이 대리의 눈을 똑바로 쳐다보지 못하고 시선을 떨어뜨린 채 감사의 말을 전했다.

"좋은 해결책을 제시해 줘서 정말 고마워. 역시 현장 경험이 많아서 그런지 나와는 생각하는 게 다른 것 같아."

"당연하지. 너처럼 쫀쫀한 놈하고 생각하는 게 같을 줄 알았어? 어쨌든 잘됐다. 잠깐 얘기 좀 하자."

이 대리는 말을 마치자 강 대리를 이끌고 건물 옥상으로 갔다. 이 대리는 건물 주위를 둘러보며 강 대리에게 말을 꺼냈다.

"언젠가 한번쯤은 너와 진지하게 얘기를 나눠야 할 것 같다고 생각했는데, 이렇게 길어지게 될 줄은 정말 몰랐다. 사실 말할 때를 놓치고 나니 말 꺼내기가 어렵더라. 네가 계속 쌀쌀맞은 태도로 나오니 왠지 나도 심술이 나서 쌀쌀맞게 대하게 되고, 그래서 너와 나의 관계가 더 어색해진 것 같아."

강 대리는 이 대리가 무슨 말을 하려고 하는 것인지 짐작이 갔다. 그렇지만 모르는 척 이 대리의 말을 경청했다.

"너는 내가 영업부 신입 사원을 빼앗아 갔다고 생각하고 있을 거야. 그렇지만 사실은 그렇지 않아. 너와 그녀를 이어 주기 위해 정말 갖은 노력을 다했어. 그렇지만 그녀가 그러더군. 너같이 존재감이 희미한 남자와 사귀기는 싫다고 말이야. 그 말을 있는 그대로 너에게 전했으면 오해가 없었을 텐데, 당시에는 차마 그런 말을 전해 주기가 그랬어. 그래서 어떻게 할까 고민하던 중에 오히려 이번에는 그녀가 나에게 다가오는 거야. 솔직히 나도 그녀가 마음에 들었기 때문에 찔리는 구석이 있었지만 에라 모르겠다 하는 심정으로 사귀게 된 거야. 사랑이라는 건 때를 놓치면 다시 오지 않는 거잖아."

강 대리는 이 대리의 말을 듣고 나자 한편으로는 오해가 풀려서 잘됐다 싶기도 하고, 한편으로는 사랑을 이룬 이 대리가 부럽기도 하였다. 어쨌든 이번 일로 다시 한 번 오해란 것은 한번 쌓이면 풀기가 굉장히 어렵다는 사실을 느꼈다. 조금 늦기는 했지만 먼저 다가와 오해를 풀어준 이 대리가 고맙게 여겨졌다. 그러고 보니 이 대리에게 일과 인간관계에 대해 도움을 받기만 한 사실에 새삼 부끄러움을 느꼈다. 강 대리는 이 대리에게 그동안 오해했던 것을 진심으로 사과했다. 그리고 후련한 기분으로 사무실로 돌아와 이 대리의 제안을 서류로 정리하는 한편, 스타 피트니스 대표와 약속 시간을 잡았다. 이틀 후 스타 피트니스 본사 사장실에서 민 소장과 함께 보기로 얘기가 되었다.

경청하는 귀는 백 마디 말보다 힘이 세다

일은 일사천리로 진행이 되었지만 강 대리에게는 한 가지 고민이 있었다. 민 소장과 만난 얘기를 아버지께 말씀드려야 하느냐 마느냐 하는 문제였다. 아버지의 건강이 아무 이상이 없다면 별문제가 없겠으나 지금과 같은 상황에서는 얘기해 봤자 상심이 클 것만 같았다. 그러나 한편으로는 아버지의 생명의 은인인데 얘기를 안 하고 넘어갔다가 나중에 아시면 섭섭해할 것 같기도 했다.

강 대리는 이 문제로 골치가 아팠지만 누구에게 의논하기도 껄끄러웠다. 강 대리는 아버지의 일을 다른 사람에게 알리고 싶지 않았다. 쓸데없는 동정을 받기 싫었기 때문이다. 강 대리는 머릿속이 복잡해지자 자신도 모르게 한숨을 쉬었다. 옆자리의 김나연이 강 대리가 한숨 쉬는 모습을 보고 걱정스럽다는 듯이 물었다.

"강 대리님, 무슨 안 좋은 일 있으신가요? 협상 자료가 정리가 잘 안 되세요? 좀 도와드릴까요?"

강 대리는 김나연의 말에 웃으며 대답했다.

"아니에요. 별일 없어요. 자료는 정리됐어요. 내일 협상할 일만 남았어요."

강 대리가 별일 아니라는 듯이 얘기했지만 김나연은 미심쩍다는 듯이 강 대리를 쳐다보았다. 그러나 강 대리가 더 이상 할 말이 없다는 듯 일에만 집중하자 김나연은 더 이상 캐묻지 않았다.

퇴근 시간이 다 돼갈 무렵 김 과장이 강 대리에게 메신저로 대화를 요청했다.

"강 대리님, 오늘 퇴근 후에 시간 있어요?"

"시간이야 있지만, 왜 그러십니까?"

"잠깐 봤으면 해서요."

“아니, 앞으로 사적인 일로는 평생 보지 않을 것같이 대하더니만 웬일이십니까?”

“그거는 그쪽이 먼저 그러지 않았나요?”

강 대리는 한마디 더 쏘아주고 싶었지만 무슨 일 때문에 만나려고 하는지 궁금하기도 해서 승낙을 했다.

“어쨌든 좋습니다. 어디서 만날까요? 내일 중요한 협상이 있으니 술은 좀 그렇고 식사나 했으면 좋겠습니다.”

“좋아요. 저도 강 대리님이 술 마시는 건 별로 보고 싶지 않네요. 회사 근처에 새로 문을 연 식당이 있던데 거기서 식사나 해요.”

김 과장은 마지막까지 쏘아붙이는 걸 잊지 않았다. 강 대리는 약속을 취소할까 하다가 속 좁은 인간이라고 욕먹을 것 같아 꾹 참고 만나기로 했다.

김 과장과 같이 간 식당은 새로 문을 연 이탈리아 식당이었다. 강 대리는 얼큰한 찌개 종류가 먹고 싶었지만, 찌개 종류를 먹으러 가자고 하면 장가도 안 갔으면서 벌써 아저씨티 낸다고 할까 봐 잠자코 앉아 있기로 했다. 그러면서 강 대리는 김 과장과 만나면 무엇 하나 자신의 뜻대로 되는 일이 없다고 생각했다. 한편으로는 아무 관계가 없는 사람이니 상관없다고 생각했다.

김 과장은 알아서 강 대리 것까지 주문을 했다. 식사가 나오기 전 간단한 음료와 빵이 제공되었다. 강 대리는 빵을 먹으며 김 과장에게 말했다.

"왜 만나자고 한 겁니까? 일본에서의 일 때문에 만나자고 한 건가요?"

"아니요. 그 얘기는 별로 하고 싶지 않아요. 사실은 나혜림 씨가 부탁해서 만나는 거예요."

강 대리는 의외라는 표정을 지으며 말했다.

"아니, 나혜림 씨가 왜요?"

"강 대리님이 무슨 고민이 있는 것 같은데 자신에게는 말하지 않으니 저보고 고민 좀 들어주라고 해서요."

"그런데 그런 부탁을 왜 하필이면 김 과장님께 했죠?"

"그거야 저도 모르죠."

김 과장과 강 대리가 이런저런 얘기를 나누고 있는 사이 식사가 나왔다. 김 과장은 파스타를 돌돌 말며 강 대리에게 질문했다.

"그래, 요즘 무슨 고민이 있는 거예요?"

"별다른 고민 없어요. 나혜림 씨가 괜히 넘겨짚어서 생각한 거예요. 신경 쓰지 마세요."

"그러지 말고 얘기해 보세요. 여자의 직감은 굉장히 예리해요. 특히 강 대리님같이 단순한 사람은 알아채기 쉽죠. 어서 말해 보세요."

강 대리는 별수 없다는 듯 자신의 고민을 털어놨다. 강 대리의 고민을 들은 김 과장은 조심스럽게 입을 열었다.

“강 대리님에게 그런 고민이 있을 줄은 정말 몰랐네요. 아버님이 정말 안되셨어요. 제 생각에는 민 소장님을 만난 얘기는 안 하는 것이 좋을 것 같아요. 민 소장님을 만난 얘기를 해봤자 아버님께서 그런 몸으로 만나려고 하시지 않을 것 아니에요? 어차피 만나지 않을 거면 얘기해 봤자 마음만 상하실 것 같아요. 나중에 알게 되시는 건 어쩔 수 없다 하더라도 지금 당장은 말씀드리지 않는 게 좋을 것 같아요.”

“역시 그렇게 하는 게 낫겠죠?”

“네, 그래요. 이번 일만 잘 성사되면 강 대리님 아버님도 열심히 운동하셔서 건강한 몸이 되실 거예요. 생활하시기에 불편하기는 하겠지만 그렇다고 당장 어떻게 되는 병은 아니잖아요. 시간을 가지고 건강한 몸이 되셨을 때 만나는 자리를 마련하도록 하세요.”

강 대리는 고민을 털어놓으니 한결 마음이 가벼워졌다. 게다가 김 과장과의 관계도 개선된 것 같아 기분이 좋았다. 두 사람은 화제를 바꿔 즐거운 얘기를 나누며 식사를 마쳤다. 식당을 나서며 강 대리가 계산을 하려는데 김 과장이 말리며 말했다.

“이건 제가 살게요. 내일 협상 잘하라고 제가 한턱내는 거예요. 대신 꼭 성사시키세요.”

강 대리는 김 과장의 마음 씀씀이가 고마웠다. 왠지 일본에서 김 과장에게 퉁명스럽게 대했던 것이 미안하게 느껴졌다. 그와 동시에 마음 한구석에서 애틋한 마음이 다시 생겨나는 것을 느꼈다. 그러나 강 대리는 더 이상 상처를 입을수는 없다고 마음먹었다. 이제 껄끄러운 부분은 사라졌으니친한 회사 동료로 지내는 게 낫다고 생각했다.

삼천포로 빠지다

다음 날 강 대리는 출근해서 고 부장과 간단한 미팅을 가진 뒤 스타 피트니스로 향했다. 사장실에 들어가자 민 소장이 강 대리를 반갑게 맞이했다.

"어서 오게, 강 대리. 좋은 소식 갖고 왔나?"

"네, 열심히 준비했습니다."

강 대리는 민 대표와 민 소장에게 준비해 간 자료를 건네주고 서비스 운영 방안에 대해 설명했다.

"그러니까 각 지역 스타 피트니스에서 회원 모집을 하는것을 기본으로 삼고, 그 이외의 소규모 지역은 저희 회사영업팀이 개척하게 됩니다. 물론 서비스 공급 계약이 체결된 이후의 관리는 스타 피트니스에서 맡아주셔야 합니다.그리고…."

강 대리가 세부적인 계약 사항에 대해 설명을 하려고 하는데 민 소장이 말문을 열었다.

"음, 그러니까 우리 스타 피트니스가 사령부가 되고 자네 회사 영업부가 각 지역 전투부대 역할을 맡는다 이거구만. 잘 알고 있겠지만 낯선 곳에서 전투를 시작하기 전 가장 중요한 일은 그 지역의 정보를 수집하는 일일세. 지형, 지물, 기후 등등 정보가 뒷받침이 되지 않으면 전투에서 승리할 수가 없지. 우리나라는 얼핏 작은 나라처럼 보이지만 지방색이 워낙 강하니 그 지역에 맞는 전략을 수립하지 않으면 성공할 수 없네. 그래서 말인데 내가 월남에 있을 때 말이지….”

순간 민 대표의 표정이 굳어졌다. 강 대리는 그 표정이 무엇을 의미하는지 알 수 있었다. 자신도 아버지에게 귀에 딱지가 앉도록 월남전 얘기를 들었기 때문이다. 아버지는 때와 장소를 가리지 않고 월남전 얘기를 했다. 아버지의 인생에서 가장 힘들고 중요한 시기였다는 것은 잘 알고 있었지만, 늘 똑같은 얘기를 반복해서 듣다 보면 머리가 폭발할 지경이었다. 게다가 얘기를 시작하면 한도 끝도 없었다. 그리고 아버지의 얘기가 끝날 때까지는 절대 자리를 뜰 수 없었다.

그러나 무엇보다도 힘들었던 것은 생판 모르는 남 앞에서도 그 사람이 듣건 말건 목에 핏대를 올리며 얘기에 열중하는 것이었다. 그러면 십중팔구 대부분의 사람들은 이상한 사람 다 보겠다는 표정을 짓고는 했다. 강 대리는 이처럼 아버지가 다른 사람에게 무시당하는 것을 보는 것이 가장 괴로웠다. 민 대표도 비슷한 경험이 있기에 그런 표정을 짓는 것이라고 생각했다. 그러나 민 소장은 분위기야 어떻든 당시의 감회에 빠져 열변을 쏟아놓기 시작했다.

"정보 수집에 관한 얘기가 나와서 말인데, 이건 자네 아버지인 강 하사와도 관련 있는 얘기지. 자네도 많이 들었을 테지만, 내가 좀더 정확하게 그때 상황을 말해 주겠네. 그러니까 전선이 확대됨에 따라 우리 부대도 주둔지를 이동하게 되었다네. 그래서 이동하기 전에 주둔 예정지를 정찰하기 위해 연대 본부에서 우리 중대로 수색 명령이 떨어졌지. 나는 주둔 예정지가 베트콩으로부터 안전한 지역이라 강 하사를 불러 1개 분대만 수색정찰을 내보냈다네. 그런데 그게 실수였지."

민 소장은 그때의 상황이 생생히 되살아나는지 긴장한 표정으로 물을 마시고는 이야기를 계속했다.

"강 하사의 분대가 정찰을 나간 후 두세 시간쯤 지났을 때 미군에서 첩보가 들어왔지. 강 하사가 정찰 나간 지역 쪽으로 베트콩의 대규모 부대가 이동 중이라고 말이지. 아차 싶었지. 어서 철수하라고 강 하사에게 무전을 치려는 순간, 강 하사 쪽에서 먼저 상황 보고가 들어왔네. 이미 베트콩 부대에 둘러싸였다는 보고였네. 나는 조금만 버티라고 한 뒤 곧바로 연대 본부에 보고를 하고 강 하사의 분대를 구하러 가겠다고 했네. 연대 본부에서는 너무 위험하고 구출 가능성이 희박하기 때문에 안타깝지만 구출 작전을 포기하라고 하더군. 나는 내 부하들을 사지에 내버려둘 수가 없었네. 그래서 명령을 무시하고 구출을 감행했지.”

민 대표는 이미 지겹게 들었다는 듯 민 소장의 말은 듣는 둥 마는 둥 강 대리가 건네준 서류를 검토하고 있었다. 민 소장은 아랑곳하지 않고 얘기를 이어갔다.

“물론 지원자만 받았네. 상부의 명령 없이 감행하는 작전인 데다 매우 위험했기 때문이었지. 그렇지만 서로 자신이 가겠다고 나서서 인원을 뽑는 데 오히려 애를 먹었지. 부대원들끼리 가족처럼 아껴주던 그런 때였어.”

얘기를 하는 민 소장의 눈가가 촉촉해지기 시작했다.

“작전 지역에 도착해 보니 상황은 최악이었네. 강 하사의 분대는 언덕 위에서 간신히 적의 공격을 버텨내고 있었네. 도저히 적의 포위망을 뚫고 들어가 구출할 틈이 보이지 않았지. 그래서 연대 본부에 연락을 해서 포격 지원을 했네. 처음에는 안 들어주더군. 적과 아군 사이의 거리가 가깝다는 이유였지. 포탄에는 눈이 없으니 이해는 갔지만, 어차피 그대로 놔두면 죽을 판이니 내가 모든 책임을 지겠다고 설득해서 포격이 이루어졌네. 다행히 적 지역으로 포탄이 쏟아졌고, 포격으로 인해 포위망이 허술해진 틈을 타 강 하사의 분대를 철수시킬 수 있었지. 강 하사는 나를 붙잡고 울면서 구출하러 와줘서 정말 고맙다고 말했지만, 나는 오히려 부대원들을 사지를 내몰았다는 죄책감에 가슴이 아팠다네. 이 빚은 내가 죽어서도 갚지 못할 걸세."

강 대리는 묵묵히 민 소장의 말을 듣고 있었다. 아버지에게서 듣던 내용과 별반 다를 것이 없었지만, 민 소장에게 들으니 아버지에게서 들을 때와는 또 다른 느낌이었다. 그러나 민 대표는 화난 얼굴로 민 소장에게 한마디 했다.

"회장님, 중요한 자리에서 옆길로 새시면 어떡합니까? 사적인 얘기는 나중에 얼마든지 할 수 있지 않습니까?"

민 소장은 민 대표의 책망에 멋쩍은 웃음을 지으며 강 대리에게 어서 나머지 계획도 설명해 보라고 했다. 강 대리는 구체적인 계약 사항에 대해 설명했다. 민 대표는 강 대리의 서비스 계획이 마음에 든다면서 구체적인 계약 사항은 검토해 본 뒤 별다른 이상이 없으면 회사 측 대표와 정식으로 계약을 하겠다고 말했다. 그리고 한 가지 조건을 달았다.

"강 대리님의 제안이 마음에 들지만 저희도 무턱대고 계약할 수는 없습니다. 지자체와의 협상이 이루어지지 않으면 저희 쪽의 손실도 큽니다. 트레이너들을 준비해 놓고 써먹을 수가 없으니 말이죠. 물론 전국의 지자체와 모두 계약이 이루어지길 바라는 것은 아닙니다. 다만 어느 한 지역만이라도 계약이 이루어진 것을 확인해야 저희도 안심하고 계약할 수 있을 것 같습니다."

"알겠습니다. 그 점은 걱정 안 하셔도 될 겁니다. 대표님께서는 계약서에 서명할 준비만 하고 계십시오.”

옆에서 지켜보던 민 소장이 끼어들며 말했다.

“잘됐네, 강 대리. 민 대표와 같이 열심히 일해 주기 바라네. 내가 조금만 더 젊었어도 같이 해볼 텐데, 참 아쉽군 그래. 내가 군에 있을 때는 말이지.”

이야기가 또 옆길로 새려고 하자 민 대표가 가로막았다.

“회장님! 강 대리도 바쁠 텐데 나중에 계약이 마무리되면 따로 말씀 나누세요. 오늘은 이쯤에서 헤어지는 것이 좋겠습니다. 강 대리님, 좋은 결과 기다리고 있겠습니다. 살펴 가십시오.”

민 대표가 민 소장의 말을 가로막고 강 대리와 인사를 나누자, 민 소장은 할 수 없다는 듯 아쉬운 표정을 지으며 강 대리를 배웅했다.

아쉬움을 뒤로하다

강 대리는 눈 내리는 거리를 걸으며 가만히 지난 일을 되돌아봤다. 생각해 보니 짧은 시간에 많은 일들이 있었다. 말을 더듬는다든가 남 앞에 나서지 못하는 버릇도 고쳤고, 적극적으로 자신의 의견을 주장할 수도 있게 되었다. 그리고 자신이 기획한 일이 크게 성공을 거두는 보람도 맛보았다. 사랑도 빼놓을 수 없다. 이루어지지는 않았지만, 누군가를 바라보며 가슴 졸이고 안타까워했던 시간들만큼은 소중한 것이었다. 특히 일본에서의 일은 잊지 못할 것만 같았다. 그러고 보니 아직 해결하지 못한 일이 하나 남았다는 것에 생각이 미쳤다. 자신의 셔츠에 립스틱 자국을 남긴 그 여인의 정체를 아직까지 밝혀내지 못한 것이다.

강 대리는 아직도 그 셔츠를 세탁하지 않은 채 곱게 간직하고 있었다. 왠지 세탁을 하고 나면 추억까지 날아가버릴 듯한 느낌이 들었기 때문이다. 강 대리는 자기계발도 할 겸 올해는 일본어를 열심히 배워볼까 하고 생각했다. 외국 여자와의 사랑이라. 그것도 괜찮을 것 같았다.

김 과장은 아까부터 무슨 생각을 하는지 멍하게 걸어가고 있는 강 대리의 뒤를 밟고 있었다. 딱히 할 얘기가 있었던 것은 아니었다. 눈도 오고 하니 오랜만에 차라도 한잔 마실까 싶어 퇴근길에 따라 나섰는데, 혼자만의 생각에 깊이 빠져 걸어가고 있는 강 대리를 차마 부르지는 못하고 뒤따라 걷고 있는 중이었다.

김 과장 역시 강 대리의 뒤를 따라 걸으며 지난 한 해를 돌아봤다. 그리고 자신이 많이 변했다고 느꼈다. 자신이 생각해도 너무하다 싶을 정도로 날카로웠는데 지금은 많이 부드러워졌다고 생각했다. 그리고 그것이 모두 강 대리 덕분이라고 생각했다. 일본에서 화를 냈던 일이 미안해지기도 했다. 그렇지만 그렇게 매정하게 대하는 것이 옳은 행동이었다는 생각도 들었다. 괜히 마음에도 없는 사람에게 매달려 애정을 구걸하고 싶지는 않았다. 아직도 강 대리가 한 고백을 떠올리면 얼굴이 빨개지고 가슴이 두근거렸다. 김 과장은 나직이 강 대리의 이름을 불러보았다. 강. 동. 운. 그렇게 자신의 발걸음에 맞춰 또박또박 한 글자씩 불러보며 걷다가 갑자기 누군가와 쿵 하고 부딪쳤다. 정신을 차리고 보니 강 대리였다.

"아니, 그렇게 갑자기 멈춰서면 어떡해요?"

"누군가 제 이름을 부르는 느낌이 들어서요. 그런데 김 과장님은 어쩐 일로 여기에 계신 건가요?"

김 과장은 순간 당황했으나 이내 안색을 바꾸고 대답했다.

"이런저런 생각을 하며 길을 걷고 있었어요. 설마 앞에 가는 사람이 강 대리님이라고는 생각도 못했네요. 그런데 어떡하죠? 강 대리님 옷에 립스틱이 묻어버렸네요. 세탁비 대신 제가 차 한잔 살게요."

강 대리는 겉옷을 벗어서 등 부분을 살펴봤다. 어두운 색깔의 옷이었기 때문에 그렇게 티가 나지는 않았다.

"괜찮아요. 티도 안 나는데요, 뭐. 마침 저도 따뜻한 커피 한잔이 생각나던 참이었어요. 차는 제가 살게요."

강 대리는 겉옷을 다시 입으며 문득 생각났다는 듯이 김 과장에게 질문을 던졌다.

"저, 혹시 일본에서…. 아니, 아닙니다. 어서 차 마시러 가죠.”

“왜요? 무슨 일인데 그러세요?”

“아니에요. 그럴 리가 없죠. 절대로 그럴 리 없습니다.”

김 과장은 더 이상 캐묻지 않고 급하게 발걸음을 옮기는 강 대리를 따라 걸었다. 그리고 속으로 조용히 읊조렸다.

‘맞아, 그거 내가 남긴 자국이야. 이 바보야.’

제2부 **설득을 위한 커뮤니케이션 실전 노하우**

1_커뮤니케이션 클리닉

2_비즈니스 커뮤니케이션 성공 기법

말끝 흐리지 않기

"자판기 커피는 설탕이 많이 들어가고 달아서….."

말을 하다 말끝을 흐리며 문장을 마치는 사람들이 적지 않다. 이처럼 말끝을 흐리면 설탕이 많이 들어가서 달콤한 커피가 입맛에 맞는다는 것인지 싫다는 것인지 정확하게 알 수 없다.

우리말은 영어와 달리 서술어가 뒤에 배치되기 때문에 말끝을 흐리면 말의 내용 자체가 달라진다. '있다/있지 않다, 잘 봤다/잘 보지 않았다, 예쁘다/예쁘지 않다' 등 마지막 음절까지 잘 들어야 정확한 내용을 알 수 있다.

그런데 주어와 목적어까지는 잘 말하다가도, 가장 중요한 마지막 부분에서 말끝을 흐리곤 한다. 본인이 말한 내용을 어떻게 정리해서 수습할지 모르거나, 습관적으로 말끝을 흐리는 것이다.

말끝을 흐리는 언어 습관은 자신의 생각이나 의도를 분명하게 전달하지 못할 뿐 아니라 오해의 소지가 있다. 게다가 자신감 없는 태도는 듣는 이에게 신뢰감을 주기 어렵다. 가장 중요한 것은 스스로가 자신의 의지와 각오에 대한 확신이 부족해진

다는 점이다. 이는 공식 석상에서의 발표, 인터뷰, 비즈니스 협상 등 공식적인 자리에서 더욱 두드러진다.

말을 끝까지 정확하게 맺지 않거나 축약해서 대충 말하는 습관을 갖고 있다면 지금 이 순간 바로잡자. 또 주위에 말끝을 흐리는 사람이 있다면 가끔씩 못 알아듣는 척을 해서라도 끝까지 마무리 짓도록 한다.

말은 자신의 생각을 담는 매체이다. 말끝을 흐리는 것은 상대로 하여금 신뢰감을 떨어뜨린다. 그러므로 당당하고 자신감 있는 삶을 위해 말끝을 흐리는 언어 습관은 오늘로 버리자.

토막말 사용하지 않기

"네. 저 그러니까…, 음, 제가 알아본 바로는…, 에…, 이자 수수료가…."

업무 보고를 이런 식으로 횡설수설하는 사람들이 적지 않다. 이는 적절한 어휘가 생각나지 않아 머릿속에 있는 내용을 말로 표현하지 못하기 때문이다. 그러다 보니 스스로가 답답해서 "음, 에, 뭐지?"와 같은 불필요한 말을 되풀이하며 대화를 매끄럽게 이어가지 못한다.

이것은 평소부터 짧게 말하는 토막말 습관이 들어 있기 때문이다. "난 커피!", "바빠", "싫어!", "오케이" 등 단어로만 이야기해도 서로가 이해하니, 그 이상의 어휘나 표현의 필요성을 못 느끼는 것이다.

사람은 누구나 귀찮은 일은 피한다. 그러므로 가능한 한 간단한 말로 의사를 표시하려고 하며, 그것이 잘 통하면 더 이상 노력하지 않는다. 이러한 언어 습관은 매우 치명적이라고 할 수 있다. 모호한 단어 사용, 단답형 대답, 토막말 사용, 횡설수설 등은 비즈니스 세계에서 결코 환영받지 못할 커뮤니케이션이다.

토막말 습관을 고치려면, 무엇보다 본인의 노력이 절실히 요구된다. 특정 단어나 적절한 표현이 생각나지 않는다고, "음, 뭐지?", "에…"를 습관처럼 사용한다면, 그냥 지나치지 말고 적절한 표현을 찾도록 한다. 본인의 능력이 부족하다면 대화 상대에게 적절한 표현을 물어서 그 표현을 기억해 두는 것도 좋은 방법이다. 대충 얼버무려 순간을 모면하다 보면 언제까지나 제자리에 머물게 된다.

횡설수설할 때마다 이런 식으로 애쓰는 것이 쉽지는 않겠지만, 정말 중요한 순간 자신의 의견을 정확하게 전달하기 위해서는 평소 생활이 중요하다. 이렇게 하다 보면 머릿속에 흩어져 있던 단어들을 그럴듯한 문장으로 엮어내게 될 것이다. 적절한 단어 사용과 풍부한 표현력은 의사 표현의 자신감과 직결된다. 의사 표현의 자신감은 적극적인 성격과 리더십, 긍정적 마인드까지 만들어낸다.

프레젠테이션 잘하기

프로다운 이미지를 주기 위해서는 발표자가 프레젠테이션 내용을 잘 파악하고 있어야 한다. 발표자가 이해하지 못하는 아이디어와 콘셉트는 청중에게도 먹히지 않을 뿐 아니라 발표를 진행하는 데에도 방해가 된다. 대중 앞에 서는 것을 두려워하는 사람일수록 준비를 철저히 해야 한다. 준비 부족이야말로 긴장감을 불러일으키는 가장 큰 원인이기 때문이다. 여기에 초점이 없고, 발표 내용과 무관하고, 연설 중 생각을 정리하게 위해 긴 간격을 두는 등 갈팡질팡하는 발표자의 모습은 내용의 신뢰감을 떨어뜨린다. 그러므로 발표 전에 반복 연습을 통해 내용을 완전히 소화해야 한다.

프레젠테이션 리허설은 실제로 프레젠테이션을 진행하는 상황에서 연습하면 더 효과적이다. 일단 연습한 공간에서 발표하게 되면 그만큼 긴장감이 줄기 때문이다. 여의치 않다면 장소나 크기 혹은 분위기가 비슷한 곳을 찾아 연습하면 좋다. 손바닥만 한 내 방에서 수백 번 연습을 해도, 커다란 강당에서 발표를 한다면 시작부터 주눅이 들기 때문이다.

발표를 할 때는 무엇보다 핵심 메시지 전달에 주목해야 한

다. 쉬운 표현으로 귀에 쏙쏙 들어오게끔 접속사를 두 번 이상 사용하지 않는 것이 좋다. 너무 떨린다면 나에게 호의적인 한 사람을 지목해서 그에게 이야기하듯 자연스럽게 이끌어도 좋다. 긴장도가 높을수록 목소리에 힘을 싣고, 입을 크게 벌려 정확한 발음으로 또박또박 이야기한다. 특히 말끝을 흐리지 말고 단호하게 이야기하자. 어느새 긴장감은 사라져 있을 것이다

1. 요약본을 만든다(청중은 30초 이상 집중하기 어렵다. 초반에 이목을 집중시켜야 한다).
2. 사진이나 동영상 자료를 적극적으로 활용한다(우리는 영상세대이므로 볼거리를 제공하라).
3. 마음을 사로잡을 만한 한마디를 생각한다(영화, 드라마, 시, 소설 등을 적극적으로 찾아라).
   예〉 과거 영화제 시상식에서 한 남자 배우가 '자신은 잘 차려진 밥상을 그저 맛있게 먹은 것뿐'이라며 스태프에게 공을 돌린 수상 소감이 화제가 되었다.
4. 숫자 정보는 한 치의 오차도 없이 정확해야 하며, 자료의 출처를 밝히는 것이 기본이다.

간결하고 쉽게 말하기

간단한 이야기임에도 이런 저런 부연 설명을 길게 늘어놓는 경우가 있다. 그러나 간단명료하게 핵심만 전달하는 것이 오히려 효과적으로 의미가 전달 될 때가 많다는 것을 기억하자.

이야기를 구체화시키기 위한 생생한 일화나 비유 등은 도움이 될 수도 있지만, 자신의 주관적인 생각이나 느낌, 상세한 배경 설명 등은 오히려 이야기의 핵심을 놓치게 할 수 있기 때문이다.

그러므로 이야기를 할 때는 목적을 분명히 하고 상대가 궁금해 하는 내용부터 먼저 꺼내도록 한다. 상대방이 궁금해 하는 내용을 먼저 간결하게 전달하는 것이 자신의 이야기에 상대가 귀 기울이게 만드는 가장 효과적인 방법이다.

말을 잘하는 사람은 이야기할 주제를 정하면 먼저 말하고 싶은 내용을 대략 2~3가지로 정리한다. 그런 다음, 상대방의 지적 수준과 관심의 정도에 맞게 말하는 순서를 정한다.

처리해야 할 업무가 산더미 같은데 보고하러 온 부하 직원이 이야기를 늘어놓는다면 얼마나 화가 나겠는가. 또한 고객의 불만에 대처할 때도 어휘 선택과 말하는 순서에 세심한 주의가 필

요하다. 이야기를 끌거나 결론을 알 수 없는 애매한 이야기를 한다면 고객의 기분을 상하게 할 수 있다.

다른 사람을 이해시키고 마음을 움직이게 하는 것은 절대로 이야기의 길이와 비례하지 않는다. 특히 우리가 무엇을 잘못했을 때나 실수하여 용서를 구할 때 이런 경우를 많이 본다. "정말 미안하다"라는 진심어린 말 한 마디면 될 것을 이런저런 말들을 늘어놓다 보면 정말 미안해서 하는 말인지 자기변명을 늘어놓는 것인지 듣는 사람이 헷갈릴 수 있다. 상대에게 가장 전하고 싶은 말, 상대가 가장 듣고 싶어 하는 말을 간결하게 전하자.

＋ 비즈니스 대화 시 SES 법칙을 꼭 기억하자

S(simple): 복잡하지 않고 단순하게
E(easy): 쉽게
S(short): 짧고 간결하게

경청하기

들는 것은 말하는 것 못지않게 중요하다

다른 사람의 이야기를 듣는 중간에 "이따 점심은 뭐 먹지?", "이번 달은 핸드폰 요금이 왜 많이 나왔지?" 등등 다른 생각을 한다. 이것은 인간의 집중력이 그리 길지 않기 때문이기도 하다.

그러나 경청하기, 즉 듣기는 후천적인 훈련으로 좋아질 수 있다. 말하기에서 듣기가 중요한 것은 농구로 비유하면 말하기가 혼자 드리블하는 것이 아니라 상대방에게 패스하고 다시 건네받는 쌍방향 커뮤니케이션이기 때문이다. 공을 잘 던져주어도 상대가 던져주는 공을 되받지 못한다면 상대에게 공을 다시 던지고 싶어도 던질 수 없다.

말하기도 상대의 말을 잘 듣지 않으면 더 이상 말을 이어나갈 수 없게 되어 대화가 단절되거나 동문서답을 하게 된다. 일상에서도 설명이나 지시를 잘 듣지 않아 일을 망치거나 수행하지 못하는 경우가 많다. 말을 잘 듣지 않는 것은 단순히 듣지 않는 것으로 끝나지 않고 난처한 일을 겪을 수도 있기 때문에

경청하기가 습관화되어야 한다.

말을 잘하는 사람은 논리적으로 조리 있게 말하는 사람보다 남의 말을 진정으로 잘 들어주는 사람이다. 고개도 끄덕여주고 적절한 때에 웃어주면서 적절히 맞장구를 쳐주는 것이다. 다시금 강조하지만, 듣는 것은 말하는 것 못지않게 중요하다.

일단 남의 말을 경청하는 것이 부족하다면, 평소 TV를 보거나 라디오를 들으면서 잘 듣는 연습을 해보자. 남의 이야기에 자꾸 귀를 기울이고 생각하면서 듣는 훈련을 하다 보면 귀도 점점 밝아지고 경청하게 된다. 연습을 하다 보면 이 세상의 모든 이야기들이 흥미롭게 느껴질 것이다.

말의 속도 알맞게 하기

"그렇다니까요. 이번 소송은 제가 책임지겠습니다. 증거도 확보됐고 당시 현장 목격자도 있으니 걱정하지 않으셔도 됩니다. 그래서 제가 이것을…."

끊임없이 이어지는 빠른 말투가 경박스럽다고 느낀 적이 있을 것이다. 또 무슨 말인지 못 알아듣는 경우도 있을 것이다. 동네 마트의 생선 코너 아저씨의 말이 빠르다면야 장 보는 사람들의 발을 멈추게 하는 효과가 있을 수도 있다. 하지만 법조인, 의사, 회계사, 경영 컨설턴트, 변호사 등 전문직에 종사하는 사람일수록 말을 전달하는 데 속도는 매우 중요한 역할을 한다.

말이 느린 것도 문제이지만 지나치게 빠르면 내용을 알아듣기 어려울 뿐만 아니라 이야기를 하는 사람에 대한 신뢰감을 떨어뜨린다. 말은 성격과 인격과 실력을 드러내는 척도이다. 말의 속도가 빠르면 실제 가진 실력을 선보일 기회조차 얻지 못할 수도 있다.

말하면서 끙끙대거나 몰아쳐 빨리 말하는 것은 말하기에 필

요한 호흡을 무시하기 때문이다. 말하다가 숨을 쉬는 것을 포즈(pause)라고 하는데, 숨쉬기는 말하기에서 중요한 역할을 한다. 말할 내용이 많을 경우, 내용에 따라 적절하게 쉬도록 노력해야 한다. 그리고 숨을 쉴 때도 박자를 맞춰 정확히 쉬도록 한다.

신문이나 인터넷 뉴스 등을 정확하게 끊어 읽어보자. 정확한 리딩 연습은 평소 말하기에 큰 영향을 주어 호흡이 고르게 되고 또박또박 편안하게 말하는 습관을 길러준다. 소리 내어 책을 읽는 것은 호흡뿐만 아니라 발성 연습에도 도움이 된다. 아울러 발성 연습은 발음을 정확하게 해줄 뿐만 아니라 끊어 읽기를 자연스럽게 해주므로 평생 귀중한 자산이 된다.

대화의 주도권 갖기

사회생활을 하다 보면 원치 않게 갈등의 상황에 놓이는 경우가 많다. 이때, 자신이 원하는 것을 얻기 위해서는 한걸음 물러설 줄 아는 지혜가 필요하다. 오해로 인해 갈등이 생겼다면 이메일이나 손으로 쓴 편지를 이용한다. 이때 말을 돌려 하기보다는 "절대 무시하려고 그런 것이 아닙니다"와 같이 직접적인 표현으로 오해를 푸는 것이 좋다. 아울러 "부장님, 왜 그러십니까?"가 아니라, "저는 정말 많이 속상합니다"라는 식으로 주어를 '너'에서 '나'로 바꿔서 이야기한다. 원망이나 비난조가 아닌 바람이나 진솔한 고백이 되기 때문이다.

특히 상대방이 이야기를 할 때면 관심을 갖고 귀를 기울이며 적극적으로 맞장구를 쳐준다. 자신과 대립된 의견을 보이더라도 상대방의 말을 끝까지 듣는 것이 중요하다. "네, 맞는 말씀이십니다. 그런데 제 생각은 이렇습니다. 부장님께서는 제 의견을 어떻게 생각하십니까?"라는 식으로, 일단 상대의 의견에 긍정하고 자신의 의견을 제시하는 'yes-but' 접근이 현명하다.

직장인의 80퍼센트가 인간관계에서 오는 스트레스로 사표를 낸다는 통계가 있다. 사사건건 말꼬투리를 잡거나 자신의 행동

을 비아냥거리는 사람과 함께 하는 것은 즐겁지 않은 일이다.

말꼬리를 잡는 버릇이 있는 사람일수록 '공격'하지 말고 쿨하게 받아들이도록 노력한다. "아, 그랬어요? 그런 것까지 봐주시다니. 감사합니다"와 같이 상대방이 더 이상 말꼬리를 잡지 못하도록 선수를 치는 것이다.

이때 가장 중요한 것은 반대 의견도 냉정하게 받아들이고, 자신의 의견을 더욱 설득력 있게 제시하기 위해 머릿속으로 차분히 정리하는 것이다. 그런 다음 회의가 끝나갈 때쯤 적절한 발언 순간을 포착해서 당당하게 반대 의견에 (논리적으로) 반박하는 것이 효과적이다.

2보 전진을 위한 1보 후퇴가 필요하다는 말이다. 가장 중요한 것은 감정적으로 대응하는 대신 불편한 관계에 있는 사람에게 '호감'을 표시하며 충고를 고맙게 생각한다는 등의 표현으로 인간관계를 맺는 것이다. 상대의 생일을 먼저 챙겨준다거나 커피를 뽑아주는 등 인간적으로 먼저 환심을 사면 아무래도 나를 괴롭히는 일이 줄어든다.

구체적으로 말하기

"저쪽으로 내려가서 꺾어 돌아 저쪽으로 쭈욱 올라가세요."

"안테나 있는 벽돌 건물 보이시죠? 저 건물을 끼고 우측으로 도세요. 우측으로 돌자마자 왼편에 벚꽃이 만발한 오르막길이 있는데 그 오르막길을 따라 걷다 보면 동사무소와 소방서가 차례로 나올 거예요. 소방서를 지나 조금만 더 올라가시면 찾으시는 소망 병원이에요."

같은 길을 묻는 질문에도 이렇게 다른 대답이 나온다.

"선생님은 인생에서 가장 소중한 것이 무엇인가요?"라는 질문에도 "가족이 아닐까요"하고 끝내는 것보다는 "제가 힘들 때 늘 힘이 되어주고 기도해 주는 사랑하는 가족이 아닐까요. 전 아무리 힘들어도 '아빠, 힘내세요!' 노래하는 토끼 같은 아이들을 보면 힘이 불끈 납니다"라고 이야기하는 것이 훨씬 구체적이다.

말하기의 목적은 결국 상대방을 설득하는 것이다. 내가 원하는 것, 바라는 것을 이루고자 나의 의사를 표현하고 다른 사람의 이야기를 듣고 서로 의미를 공유하는 것이다. 떡볶이가

먹고 싶고 오징어 튀김이 먹고 싶다면 무작정 조를 것이 아니라 상대를 설득하는 것이 현명한 커뮤니케이션이다.

TV나 라디오에서 프로그램 진행자들이 음식을 맛있게 이야기해 군침을 흘린 경험이 있을 것이다. 또 요리 프로그램을 보며 평소에는 입에도 대지 않은 음식인데도 맛있게 느껴져 먹고 싶은 경험이 있을 것이다. 구체적으로 생생하게 말하기 때문이다. 눈앞에 그림이 그려지듯, 음식의 맛이 당장 입에서 사르르 느껴지듯, 막 잡은 물고기가 파닥거리듯 생생하게 이야기하는 것이다.

"어떻게 매번 그렇게 구체적으로 그림이 그려지게 이야기하느냐"라고 반문한다면 매번 그런 식으로 이야기할 필요는 없다고 얘기해 주고 싶다. 단골 미용실에서 늘 하던 대로 머리를 손질한다면 서로가 의미를 공유하는 선에서 간략하게 말해도 된다. 이렇게 그림이 그려지도록 구체적으로 이야기하는 것은 중요한 순간, 어떤 목적을 이루고자 할 때 적절하게 사용하면 매우 효과적임을 기억하자.

부정적인 말 안 하기

"야, 나같이 먹는 것 좋아하는 사람이 어떻게 살을 뺄 수 있냐? 난 못할 것 같아."

"휴우, 과장님. 힘들 것 같습니다. 그건 무리인 것 같습니다."

어떤 상황에서도 마이너스 발언을 하는 사람들이 있다. 그런데 마이너스 발언은 실제로 그렇게 되는 경우가 많다. '긍정의 힘'이란 말도 있듯이 마이너스 발언을 플러스 발언으로 바꿔 사용하다 보면 일도 잘 풀리고 꽉 막힌 일도 풀리는 것을 경험할 것이다.

특히 비즈니스 현장에서는 전진하려는 사람에게 순풍이 부는 법이다. 면밀한 조사와 분석이 필요한 것은 분명하지만, 무조건 못한다고 하지 말고 어떻게 하면 해낼 수 있는지부터 생각해야 한다.

"저도 그 부분에는 조금이나마 도움이 될 수 있을 것 같아요." "팀 인원이 세 명이라면 좀 힘들 것 같은데 다섯 명으로 늘리는 것은 어떨까요?"라고 긍정적인 말로 바꿔보자. 일의 성공 여부를 떠나서 상사의 신뢰를 얻을 수 있을 것이다. 또 이

런 플러스 사고가 일을 진행하는 데 많은 도움이 된다는 것은 누구나 공감하는 사실일 것이다.

그래도 마이너스 발언이 나올 것 같다면 다음과 같은 방법들을 쓰자. 일단 입에서 "그래도"라고 변명이 나올 것 같은 순간 입을 다물고 잠시 침묵한다. 그 순간에 즐거운 일을 떠올리면 긍정적인 발언을 하는 데 도움이 된다.

또 어려운 상황에 부딪쳐 누군가에게 도움을 받기 위해 상담하고 싶다면 평소 플러스 사고를 하는 사람을 상담자로 삼는 게 좋다. 당신이 애써 긍정적인 이야기를 한다 해도 옆에서 "말이야 쉽지! 지금 같은 상황에서는…"이라며 다짜고짜 부정하고 나선다면 위축될 뿐이다. 스스로 플러스 발언이 습관화될 때까지는 이런 타입의 사람에게 되도록 상담을 청하지 않는 게 좋다.

오늘부터 부정적인 말 대신 이야기를 자연스럽게 이어가며 개선책을 제시해 보는 것은 어떨까? "수일 내에 끝내야 한다면 인원을 좀더 충원해 주세요. 그러면 최대한 맞춰보도록 노력하겠습니다"라고 말이다.

좋고 싫음을 표면에 드러내지 않기

"사회생활을 하다 보면 이런저런 사람들을 만나게 된다. 나와 잘 통하는 사람, 궁합이 잘 맞는 사람을 만나기도 하고 불편한 사람을 만나기도 한다. 정도의 차이는 있겠지만 사람이라면 이렇게 싫은 사람, 불편한 사람이 있기 마련이다. 다양한 사람들이 존재하는 이 넓은 세상에서 모든 사람들과 성격이 맞는다는 건 불가능하기 때문이다.

물론 무리해서 싫은 사람을 좋아할 필요는 없다. 그러나 상대가 직장의 동료이거나 학교 동창이라면 싫어해도 본인에게 좋을 것이 없다. 그 사람으로 인해 즐거운 동창회에 나가기 싫어지고 회사 생활이 불편해진다면 결국 자신만 손해이기 때문이다. 또 일을 하다 보면 보고하거나 전달해야 할 연락 사항도 많이 발생하기 때문에 서로 말을 안 할 수도 없다. 그러나 누구를 싫어하는 것은 말을 안 해도 상대방에게 전달된다. 특히 여자들은 순간적인 감정에 휩쓸려 자기도 모르는 사이 그 사람이 싫다는 것을 드러내는 우를 범한다.

그러므로 능력을 인정받고 직장생활을 잘하고 싶다면 누가 싫더라도 겉으로 드러내지 말아야 한다. 부득이하게 싫어하는

사람과 대화를 나눠야 할 상황이라면 사람들이 있는 환경에서 휩쓸려 대화하는 것이 좋다.

아울러 불편하고 싫은 상대일수록 예의를 갖추어 깍듯이 이야기할 필요가 있다. 정중하게 예의를 갖추다 보면 싫은 감정이 덜 나타나게 된다. "바쁘실 텐데 시간 내주셔서 감사합니다"와 같은 말을 의식적으로 사용하자. 또 가급적 말을 부드럽게 해줄 수 있는 쿠션 언어를 사용해도 좋다.

아무리 노력해도 싫어하는 사람 앞에서 말이 곱게 나오지 않는다면 차라리 듣는 입장이 되자. 또 상황에 따라서는 이메일, 전화 통화, 메모 남기기, 문자 서비스를 이용하는 것도 방법이다. 괜히 찡그린 얼굴로 내뱉듯이 말하거나 쳐다보지도 않고 기분 나쁘게 이야기하는 것보다는 메일이나 문자를 이용해 간단명료하게 용건을 전달하는 것이 현명하다.

특히 문자나 이메일은 애매한 표현이나 심한 축약 등으로 오해를 일으킬 소지가 있으니 구체적으로 명료하게 보내야 한다. 단어 사용과 풍부한 표현력은 의사 표현의 자신감과 직결된다.

똑 소리 나는 지시 방법

효과적으로 지시하기

- 부하 직원의 이해 수준을 고려해서 업무 수준을 선정한다.
- 업무 내용은 간단명료하게 일관된 내용으로 설명한다.
- 부하 직원의 사기를 높이고, 자긍심을 갖도록 한다.
- 업무의 우선순위를 정하고, 수행할 시기를 지시한다.
- 지시한 내용을 부하 직원이 반복 설명하도록 한다. 행동, 방법, 목적, 기한, 대안을 얘기하는 것이 지시의 기본이다.
    - 무엇을 하는가(행동)?
    - 어떻게 해서 그것을 하는가(방법)?
    - 무엇을 위해서 그것을 하는가(목적)?
    - 언제까지 하는가(기한)?
    - 할 수 없을 때는 어떻게 하는가(대안)?

효과적으로 지시받기

- 상사를 똑바로 주시하면서 청취한다. (말을 하고 있는데 상대방의 시선이 불안하다면 건성으로 듣고 있다는 인상을 주게 된다. 이는 불필요한 오해를 사는 동시에 신뢰감

을 잃을 수 있다. 상사의 눈을 주시하면서 청취하는 자세는 상사가 지시하는 말과 행동을 신중하게 이해하고 있다는 것을 인식시키는 행동이다.)

- 적극적인 사고를 갖는다. (때때로 업무가 본인 능력에 비해 힘겨울 때도 있다. 실수를 해서 상사로부터 업무상 질책이나 주의를 받았다 해도 담당자의 인간성을 비판하는 것이 아니라 향후 업무 향상을 위한 충고로 받아들이고 성숙된 자질 향상의 기회로 삼아야 한다. 매사에 적극적이며 긍정적으로 업무 해결 방법을 모색해야 인정받을 수 있다.)

- 감정을 표현하지 않는다. (업무를 지시받을 때 불쾌한 감정을 표현한다면 상사가 제대로 업무 내용을 지시할 수 없다. 업무 지시를 받을 때 개인적인 문제가 있을지라도 사사로운 감정을 표현하는 태도는 삼가는 것이 바람직하다.)

똑 소리 나는 보고 방법

효과적으로 보고하기

- 일이 끝나는 대로 신속히 보고한다.

- 지시나 명령을 내렸던 상사에게 직접 보고한다.

- 간결하고 알기 쉽게 보고한다. (결론→이유→경과나 상황 설명)

- 보고 내용이 복잡한 경우에는 문서나 도표 자료로 한눈에 들어오도록 준비한다.

- 좋지 않은 일일수록 빨리 보고한다. 일에 착오가 생겼거나 트러블이 생겼을 경우, 덮어두거나 혼자 해결하려고 하다가 일을 더 크게 만들 수 있다. 불편하더라도 사태 수습이 수월한 초기에 보고하여, 책임질 것은 기꺼이 책임지는 자세를 보이도록 한다.

보고의 원칙

- 필요성의 원칙: 불필요한 보고는 억제하며, 보고 목적과 용도를 정확하게 제시한다.

- 완전성의 원칙: 철저한 자료 조사 후, 객관적인 사실 위주

로 완전하게 정리하여 보고한다.

- 적시성의 원칙: 경영 제반 활동 개선 및 정책 수립에 유용하도록 적절한 시기에 보고한다.
- 정확성의 원칙: 객관적이면서 공정한 판단에 의해 정확하게 작성하고 자료의 출처를 제시한다.
- 간결성의 원칙: 표준 형식에 따라 내용을 정리, 이해하기 쉬운 표현으로 간단명료해야 한다.

중간보고가 필요한 경우

- 일이 장기간 진행될 때
- 당초 계획대로 일을 수행하기 어려울 때
- 일이 예정대로 진척되지 않을 때
- 일에 대한 주위의 상황이나 조건이 바뀌었을 때
- 자기의 판단으로 처리하기 어려운 상황에 부딪쳤을 때
- 일의 결과에 대한 전망이 보일 때

타이밍 맞추기

상사에게 업무 진행 보고를 하려던 때 '바쁘니 나중에 다시 오라'는 말을 듣고 자리로 돌아온 경우는 없는가. '에이, 오늘을 위해 일주일간 준비했는데 이게 뭐야' 속으로 불평해 보지만 속상한 것은 어쩔 수 없다.

이처럼 열심히 준비한 일이 타이밍이 안 맞아 수포로 돌아간다면 너무 억울하다. 심지어 어떤 경우에는 상사가 "도대체 보고가 왜 이렇게 늦는 거야?"라고 말해 눈물 날 만큼 억울한 경우도 있다. 이처럼 아무리 열심히 준비했어도 말을 꺼내는 타이밍이 나쁘다면 상대방에게 효과적으로 전달되지 않는다.

'빨리 보고해야 하는데…'라는 초조한 마음을 자제하고, 상사나 동료 혹은 부하의 상황이 어떤가를 파악하고 고려해 가면서 적절한 타이밍을 살피는 것이 중요하다. 흔히 일을 잘하는 사람들을 보면, 업무를 보고하는 타이밍 또한 기막히다는 것을 느꼈을 것이다. 그 타이밍이란 것이 절묘하여 같은 보고 내용이라도 Yes와 No가 갈리게 되는 것이다. 사람이 하는 일이란 것이 순간적인 상황이나 심리적인 요소들을 배제할 수 없기 때문이다.

아울러 보고를 할 때는 이야기할 내용 중에서도 우선순위를 정해서 보고하는 것이 좋다. 듣는 이는 언제 이야기를 자를지 모른다. 보고가 중간에 잘리더라도 핵심은 전달되도록 가급적 두괄식으로(서두에 핵심을 넣는 것) 간추려 이야기하자.

긴급을 요하는 경우에는 상대방이 아무리 바쁘더라도 즉시 보고해야 한다. "매우 급한 문제입니다"라고 양해를 구하거나 상사가 회의 중이라면 '긴급!'이라고 쓴 메모를 전달하는 방법도 있다. 그런 다음 가능한 한 빠르고 간결하게 요점을 전달하도록 하자.

상대방이 많이 바쁠 때는 이쪽에서 적극적으로 기회를 만들지 않으면 이야기할 타이밍을 잡을 수 없다. 그럴 때는 "바쁘시겠지만, 아주 잠깐만 시간을 내주시면 안 될까요?" "중요한 문제입니다. 아주 잠깐만 시간을 내주십시오" 등 대화를 매끄럽게 해줄 쿠션 언어들을 사용해 보자. 또 기회를 잡았다면 어렵게 잡은 타이밍을 놓치지 않도록 대화의 리듬을 유지하는 것도 중요하다. 그러기 위해서는 이야기 템포를 상대의 성격에 맞추어야 한다.

거래처 방문 전 준비 사항

거래처를 방문하기 며칠 전에는 전화나 메일을 통해 약속을 확인하는 것이 좋다. 일단 회사명과 자신의 이름을 분명히 말한다. 다음으로 전화한 목적을 설명한다. 방문 시간, 사람 수, 면담 소요 시간을 전하고 약속이 이루어지면 그 내용을 다시 한 번 확인한다. 그리고 약속의 목적도 미리 이야기하면 약속 내용을 잘못 이해하는 일도 없게 된다. 이런 사항들을 잊어버릴 것이 염려가 된다면 간략하게 메모를 해 두는 것도 좋다.

옷차림도 경쟁력

요즘 시대는 외모도 중요한 경쟁력이다. 외모가 인생의 성패를 가르는 잣대로 부각되는 루키즘(Lookism)의 시대인 것이다. 루키즘은 비즈니스 현장에서 큰 힘을 발휘하는데, 사람의 첫인상을 결정하는 중요한 요소가 '옷차림'이기 때문이다. 상대방의 생김새나 옷차림 하나로 그 사람의 인격이나 마음가짐, 업무 능력 등을 판단하게 된다. 안타깝지만 어쩔 수 없는 현실이다.

물론 유행의 흐름에 뒤처지지 않는 패션도 중요하지만, 그

보다 중요한 것은 '청결'이다. 특히 신경 써야 하는 부분은 두 발, 복장, 구두, 손톱, 입 냄새 등이다. 아울러 업무나 복장에 맞는 헤어스타일과 액세서리로 프로다운 모습을 보이는 것이 좋다. 다른 회사를 방문할 때는, 개인이 아니라 회사를 대표하는 이미지라는 것을 기억하자.

사전 준비는 필수

처음 찾아가는 회사라면 사전에 철저한 준비를 거치는 것이 좋다. 방문 직전 확인 전화는 기본이고(방문 전날 또는 당일 아침), 교통편과 소요 시간 등을 미리 조사해 둔다. 방문 목적에 맞춰 카탈로그나 자료, 기획서, 계약서 등을 꼼꼼히 챙긴다. 또 대표 중역, 주요 사업, 경영 규모 등의 데이터 등 방문할 회사의 정보를 인터넷이나 미디어 보도 등을 통해 숙지하고 가면 좋다.

약속 시간은 칼같이

교통 체증을 생각해 미리 준비를 해 두고 약속 시간보다

5~10분 정도 일찍 도착하여 전체적인 옷매무새와 거래처 방문의 목적을 다시 한 번 상기한다. 불가피하게 약속에 늦게 될 경우에는 반드시 약속 시간 전에 연락을 취하여 양해를 구해야 한다. 외부에서 미팅이 있는데 담당자와 연락이 되지 않을 경우에는 담당자의 회사로 연락하여 메모를 남겨 놓는다. 혹시 약속 자체를 이행할 수 없는 상황이라면 분명한 이유를 밝히고 약속을 다음 기회로 변경해 달라고 공손하게 부탁한다.

미팅 룸, 들어서기 전

약속 장소에 미리 도착했다면 화장실에 들러 머리와, 옷매무새, 구두 등을 점검하여 깔끔한 모습을 유지한다. 그렇게 먼저 약속 장소에 앉아 상대방을 기다릴 때에도 지켜야 할 에티켓이 있다. 상의를 벗는다든가, 담배를 피우는 것은 금물이다. 가방이나 노트북은 일단 발밑에 두고 서류나 자료는 필요할 때 꺼낸다. 흔히들 여성들이 테이블이나 의자 위에 가방을 두는데, 이는 예의가 아니다.

명함은 바로 꺼낼 수 있도록 준비해 두며, 노크 소리가 나면

일어나서 인사를 나눌 준비를 한다. 인사할 때는 허리를 30도 정도 굽힌다. 남성은 바지 옆 재단 선에 가운뎃손가락을 대고, 여성은 앞으로 두 손을 살짝 포개어 고개를 숙인다. 아울러 중요한 사람, 높은 사람을 만나거나 감사와 사과의 마음을 전할 때는 허리를 45도 굽히는 인사법이 효과적이다.

면담 시, 자세

일단 면담이 시작되면 다리를 꼬거나 기대는 등 자세가 흐트러지지 않게 조심하고 허리를 반듯이 편다. 면담 시의 내용은 정확히 메모하며, 궁금한 것은 그 자리에서 해결하도록 한다. 면담이 끝난 후에는 밝은 목소리로 "귀한 시간 내주셔서 감사합니다"라고 인사한다. 안내 직원이나 비서 등에게도 인사하고 나오는 것이 좋다. 면담이 끝나면 만남의 목적과 결과를 빨리 정리한다. 당일 저녁이나 다음 날, 전화나 이메일로 감사를 표시한다.

듣기 좋은 목소리로 말하기

맑고 좋은 목소리로 이야기하는 상사와 쉰 목소리로 소리를 지르듯 시끄럽게 이야기하는 상사가 있다면 과연 어떤 상사의 말을 들어주고 싶은가? 부드러운 목소리로 상냥하게 이야기하는 상사의 말에 귀를 기울이게 될 것이다.

물론 사람의 됨됨이나 성격 등을 안다면 그 사람을 판단하는 데 목소리가 부차적인 것이 될 수도 있다. 그러나 대다수의 사람들은 처음 본 모습으로 사람을 평가하고 인식한다. 첫인상이 상대방의 전체 이미지를 결정짓는 것이다.

첫인상, 첫 느낌이 좋으면 그 사람의 행동이나 말까지도 긍정적으로 생각하는 반면 그렇지 않은 경우엔 그 사람의 모습이나 행동까지도 안 좋게 인식하기 마련이다. 또 실력이 비슷한 경쟁자라면 목소리가 편안하고 좋은 사람이 프레젠테이션, 인터뷰, 협상 등에서 여러모로 유리하다.

그러므로 선천적으로 둔탁하거나 허스키하고 찢어지는 고음의 목소리라면 교정을 통해 전달력 있는 편안한 목소리로 만들어 주어야 한다. 목소리가 높고 찢어지는 소리라면 평소 말할 때 가급적 조금 낮은 톤으로 천천히 또박또박 말하는 연습을

한다. 높은 톤의 목소리는 말의 속도까지 빠르면 더 시끄럽게 느껴지기 때문이다.

반대로 목소리가 허스키하거나 둔탁하다면 톤을 중·고음으로 올려주는 것이 좋다. 그렇다고 일부러 가성을 내거나 시끄러운 고음을 내라는 것은 아니다. 허스키하거나 둔탁한 목소리도 의식적으로 말의 느낌을 살려준다거나 단어 하나하나의 음가를 살려서 정확히 말하다 보면 전달력도 높아지고 매력적인 목소리로 바뀔 수 있다.

평소 생활에서도 신경 써서 목소리 훈련이나 말하기 교정, 복식호흡을 통해 편안하고 좋은 목소리를 만들 수 있다.

상황에 맞게 말하기

"나 요즘 살 많이 쪘지?"

"거봐. 요즘 안 그래도 많이 먹더라. 너처럼 먹으면 살이 안 찔 수가 없지. 특히 네가 좋아하는 것들은 다 트랜스 지방 덩어리잖아. 트랜스 지방이 얼마나 무서운지 알지? 혈관을 막아서 죽을지도 몰라. 당장 식단을 바꿔야 해."

물론 틀린 말은 아니다. 그러나 이런 식으로 고정관념과 논리에 맞춰 정석대로만 이야기하면 듣는 사람은 답답함을 느낄 것이다. 친구의 식단이 걱정스럽다면 은근슬쩍 친구가 식단을 바꿀 수 있도록 유도하는 것이 훨씬 현명하다.

누군가 고민을 털어놓거나 해결책을 물어오면 이야기를 들어주는 것만으로도 충분한 경우가 있는데 원인과 대책만을 논리적으로 늘어놓는 경우가 많다. 따뜻한 말 한마디로 편안함을 주는 것이야말로 상대가 나에게 가장 원하는 것이 아닐까?

늘 논리에 얽매이고 정답만 이야기하는 사람은 인생을 사는 방법을 모르는 사람이다. 자기 딴에는 머리를 쥐어짜 힘들게 이야기를 해주었을지라도 인생은 정답대로 움직이지 않으므로

그 말이 정답이 될 수 없다. 진정한 대화란, 논리가 아닌 그 사람의 마음을 헤아리고 함께 의미를 공유하는 것이다. 때와 장소, 상대에 맞는 적절한 말하기야말로 논리적으로 말하기의 핵심이다.

세상일은 반드시 순서나 인과관계에 따라 움직이지 않는다. 언제, 어디서, 어떤 일이 일어날지 알 수 없는 것이다. 누군가가 고민을 털어놓으면 논리적으로 문제를 해결하려 하지 말고, 우선 상대의 이야기를 듣고 진심으로 공감해 주자. 고민을 털어놓는 사람의 대부분은 '대답'을 원하는 것이 아니라 '공감'과 마음의 평온을 필요로 하고 있는 것이다.

과장하지 않기

"나 이번 시험 망치면 확 죽어버릴 거야."

"거기 진짜 맛있어. 둘이 먹다 한 명이 죽어도 몰라. 먹다가 너무 맛있어서 막 울었어."

"짜증나서 죽는 줄 알았네. 화장실 줄이 끝이 없어. 한 시간 은 기다린 것 같아."

실제보다 몇 배로 부풀려서 이야기하는 사람들을 많이 볼 수 있다. 실제로 보면 고작 몇 킬로그램 빠진 것을 "엄청 살 뺐 다"라고 표현하거나 불과 15분 정도 기다린 것을 반나절은 기 다린 사람처럼 이야기하는 경우가 부지기수이다.

그렇다면 왜 그렇게 과장해서 말하는 것일까? 자신의 이야 기를 실감나게 전하고 싶은 마음과 자신이 느낀 감정과 생각에 듣는 이가 동조하게 만들기 위해서라고 생각된다. 아무것도 아닌 일을 그럴듯하게 각색하여 살을 붙이고 재미있고 신기하 게 들리도록 허풍과 거짓말을 섞어 이야기하면서 자기가 느낀 것처럼 똑같이 느끼게 하고 싶은 것이다. 그렇게 부풀려 이야 기한다고 죄의식을 느끼지는 않는다. 사심을 버리고 재미있게

이야기하는 것은 사회생활과 인간관계를 유지하기 위한 일종의 서비스라고 믿기 때문이다. 그러나 매번 과장된 이야기를 들어야 하는 상대로서는 지긋지긋할 것이다. 도대체 어쩌자는 것인가? 결국은 허세를 부려 근사하게 보이려는 것 아닌가?

또한 그렇게 거짓말을 반복하는 동안, 점점 엉터리 같은 자신을 믿게 된다. 처음에는 단순한 말장난에서 시작했지만 갈수록 자신이 정말로 대단한 사람이라고 여기게 되는 것이다. 그러나 어떤 이야기든 과장해서 말하는 사람은 자신이 방금 말해 놓고도 몇 번이고 같은 말을 되풀이하는 우를 범한다. 자신이 하고 싶은 이야기만을 하기에 다른 사람의 이야기를 들을 기회도 놓치고 만다. 마음속의 거짓을 버리고 진지하게 자신과 대면하도록 한다. 그리고 자신의 감정과 감각의 움직임에 충실해야 한다. 있는 그대로의 자신을 전달하고 싶다면, 부풀리지 않고 솔직하게 말하는 습관을 들이자.

까다로운 상대 대하기

까다로운 유형의 상대를 설득하거나 협상해야 할 때가 있다. 까다로운 유형에도 여러 가지가 있는데 자부심이 높아 상대의 말에 귀를 기울이지 않는 사람은 자신의 의견이나 사고방식을 확신하기 때문에 그와 다른 내용으로 설득하면 받아들이려고 하지 않는다. 이런 사람에게는 '메시지의 질'이 매우 중요하다. 즉 상대가 아는 지식보다 격이 높은 내용을 말해서 주의를 끌어야 한다.

걱정을 잘 하는 사람은 주변에서 벌어지는 모든 일에 방어적이다. 이처럼 불안심리가 강한 사람을 설득할 때는 그 사람이 무엇 때문에 불안을 느끼는지 파악하고 그 불안을 해소시키기 위해 노력해야 한다.

사소한 것으로 시비를 거는 공격적인 유형의 사람은 상당히 불편한 유형이지만 어쩔 수 없이 만나야 한다면 의식적으로 말을 천천히 하면서 그의 반응을 살펴보고 대화를 진전시키는 것이 효과적이다. 또 상대가 직접 자기 의견을 발표할 수 있도록 한다. 공격적인 유형의 사람만큼이나 권위적인 사람들 역시 설득이 힘들고 타인의 말을 귀담아 듣지 않는다. 그러나 권위

적인 사람들은 지위가 높은 사람이나 사회적으로 인정받는 권위에 대해서는 순종하는 경향이 있다. 따라서 그들을 직접 상대하기보다는 그들의 윗사람이나 사회적으로 높이 평가받는 사람, 그들이 존경하는 사람을 이용하는 것이 효과적이다.

상대가 지적 수준이 높은 경우에는 설득 정보의 공평성을 강조할 필요가 있다. 장점과 단점을 낱낱이 이야기해주며 논리적으로 설명하는 것이 효과적이다.

아무리 까다로운 사람이라 해도 호의적인 사람에게 냉정하기는 힘들다. 인간적인 모습으로 다가가는 것도 방법이다.

존댓말과 호칭 사용

상대에게 호감을 주는 대화의 시작은 올바른 존댓말의 사용에서 비롯된다. 우리가 사용하고 있는 존댓말 중에서도 상황에 맞지 않는 표현이 많다. 아랫사람과 윗사람에게 하는 존댓말은 조금씩 차이가 있다. 또 대화 상대자와 행위의 주체자를 잘못 높이는 경우도 있으므로 주의해야 한다.

존댓말이 어려울 때 쿠션 단어를 사용하는 것도 방법이다. 쿠션 단어는 대부분 어려운 부탁이나 질문을 할 때 많이 쓰는데 '죄송합니다만, 미안합니다만, 실례합니다만' 등 말의 내용 앞에 붙인다. 상사의 지시가 이해되지 않을 때 "네? 뭐라고요?" 보다는 "죄송하지만 다시 한 번 말씀해주시겠습니까?"가 훨씬 공손하게 들리는 것과 같다.

이러한 예의 바른 태도는 심리학에서 스트로크(Stroke, 상대에게 주는 자극)라고 하는데 상대에게 긍정적인 인상을 주며 화자의 성격과 능력까지도 긍정적으로 평가받도록 한다.

한편 상대를 부르는 호칭에도 주의를 기울여야 한다. 잘못된 호칭의 사용은 본격적인 대화도 시작되기 전에 기분을 상하게 만든다. 정확한 직급에 상대의 이름을 함께 부르면 훨씬 호

감을 줄 수 있다. 부하 직원을 부를 때도 마찬가지다. 이름을 부르는 것이 사소한 칭찬보다 큰 효과를 줄 수 있기 때문에, 자주 접하는 부하 혹은 상사의 이름 정도는 정확히 외워두고 자주 부른다.

맞춤 커뮤니케이션

당신이 설득을 하거나 협상을 해야 하는 사람들의 성향은 모두 다르다. 꼼꼼하고 신중한 타입의 사람에게는 그의 설명에 집중해서 귀를 기울여 주고 필요하다면 자료도 찾아주는 것이 좋다. 합리적이고 요령이 좋은 타입의 사람들은 요점만을 간략하게 말하는 것을 좋아한다. 자료도 문장보다는 정보, 그래프 등 객관적인 수치를 나타내는 도표화된 것이 좋다. 직감적이고 호기심 왕성한 타입의 사람에게는 질문이나 주의사항에 상대가 관심을 갖게 하는 일이 중요하다. 자세한 설명보다 인상적인 문구나 일러스트 등 감성에 호소하는 것도 효과적이다. 또 이치보다 체험과 실용성을 중시하기 때문에 체험담과 실물 견본 등을 보여 주면서 이야기하는 것도 좋다. 논리적이고 단순한 타입의 사람은 자신의 생각대로 판단하려는 경향이 있다. 사고 형식도 원인–결과 식으로 비교적 단순하기 때문에 집요한 설명보다는 이야기를 단순하게 조립해서 요점만을 이야기하는 것이 효과적이다. 자신의 신념을 중시하는 타입이기 때문에 이야기할 때 그 이유와 배경을 충분히 이해받을 수 있도록 해야 하며 최종 결정권은 그에게 주는 것이 현명하다.

성공의 언어

회사 생활을 하다보면 상사의 지시나 회사에 대한 불만으로 나쁜 말을 하는 경우가 있다. 부정적인 말, 욕설 등은 자주 사용하다보면 단순히 의사 표현을 넘어 마음가짐 자체도 부정적이 되기 쉽다. 화를 내고 욕을 하다보면 더 화가 나듯이, 말은 우리의 마음이나 생각과도 밀접하게 연관되어 있다. 자신의 각오나 다짐을 세우면 공식적으로 말하고 다니라는 이야기도 있지 않는가.

오늘부터 '감사합니다, 고맙습니다, 좋습니다, 맛있습니다, 사랑합니다' 등 긍정적인 표현을 입에 달고 다니자. 또한 부정적인 의미를 담고 있는 표현은 긍정적인 언어로 순화해서 쓰도록 한다.

대담성 키우기

거래처나 타 부서 사람들과 함께 일을 해야 하는 상황은 숫기가 없는 사람에게는 고역일 수밖에 없다. 사회생활을 하다 보면 여러 사람들 앞에서 자기소개를 하거나 발표를 해야 하는 경우가 많다. 특히 영업을 담당하는 사람들이라면 숫기가 없는 것은 단점이 된다. 그러나 생각을 바꿔 꼭 겪어야 하는 일이라면 아예 그 어려움을 뛰어넘어보는 것은 어떨까.

낯을 가린다거나 여러 사람이 있는 곳에서는 말을 잘 하지 못하는 것에 대한 해결책은 없다. 오직 본인의 노력만이 필요하다. 스스로가 마인드 컨트롤을 하며 담력과 발표력을 키워나간다.

처음 만난 사람도 친근하게 생각하고 먼저 진솔하고 털털한 모습을 보여주며 다가가는 것이다. 숫기가 없을수록 낯선 사람과 말할 기회를 많이 만드는 것이 도움이 된다.

감정조절 능력

사회생활을 하다보면 기분이 좋지 않거나 나쁜 일이 생기기 마련이다. 이럴 경우에 감정의 표현이 문제가 될 수 있다. 특히 여자는 남자보다 예민하고 감수성이 풍부해서 감정을 더욱 잘 드러낸다. 자신의 기분이나 감정을 적절히 조절하는 것도 매력 있는 여자의 능력임을 기억하자.

화가 나고 기분이 안 좋다고 해서 자신의 감정을 폭발시키는 것은 아주 유치한 행동이다. 상대를 배려하고 자신을 조절할 수 있는 절제력은 사회생활을 위해서는 기본적으로 갖추어야 할 필수 덕목이다.

지금까지 거친 말로 다른 사람에게 상처를 주는 말을 던져왔다면 고쳐 나가도록 한다.

유행어 남발 삼가기

오락이나 개그 프로그램을 통해 많은 유행어들이 사람들의 입에 오르내린다. 이런 유행어의 사용은 주위 사람들과의 관계가 매끄러워지고 어색함도 사라지게 만드는 역할을 하기도 한다. 그래서인지 트렌드를 아는 사람이라면 최신 유행어 정도는 사용해야 한다는 편견을 가지고 있기도 한다.

하지만 비즈니스 현장에서는 이야기가 달라진다. 유행어를 남발하며 말하는 사람에게는 신뢰성과 교양미가 느껴지지 않는다. 누구나 이야기할 수 있는 것들을 똑같이 내뱉으면 믿음을 주기보다 가벼운 사람으로 느껴지기 쉽기 때문이다.

그러므로 비즈니스에서 성공하고 싶다면, 자신의 생각을 드러낼 수 있는 진지한 말하기가 필요하다.

커뮤니케이션의 기본 룰

커뮤니케이션은 '상대와 나의 의미 공유'다. 자신의 이야기만 하고 생각나는 대로 말을 쏟아 내는 것은 대화가 아니다. 오감을 열고 상대방의 이야기에도 귀를 기울이는 배려가 있어야 한다. 그것이 커뮤니케이션의 기본자세이기도 하다.

상대가 이야기를 하고 있는데 말을 가로채 자신이 이야기를 하는 사람들이 있다. 상대의 말을 끝까지 듣기가 귀찮아서 아니면 갑자기 할 말이 생각나서 이야기를 중간에 무 자르듯 끊어버리고 자신의 이야기를 하는 경우다. 이것은 기본 말하기 매너에 어긋나는 행동이다.

상대의 나이나 지위에 관계없이 다른 사람이 이야기 할 때는 귀를 기울여 끝까지 들어주는 것이 커뮤니케이션의 기본 룰이다. 너와 내가 진정으로 의미를 공유하기 위해서는 상대의 이야기를 잘 듣고 거기에 맞는 적절한 반응과 대답을 해주어야 한다.

상대에게 'Yes' 도출하기

상대를 설득하는 자리에서 'Yes'라는 대답을 반복적으로 이 끌어내는 것은 설득의 한 전략이다. 'Yes'라고 자주 대답하면 상대의 이야기를 받아들일 자세가 높아진다는 것이다. 상대가 'Yes'라는 대답을 연속해서 사용하게 한 뒤 주의사항이나 상 대가 지키기 힘들 것 같은 어려운 협상 조건을 제시하는 것이 다. 그러면 상대는 계속 긍정으로 답했기 때문에 "안 되겠는데 요"라고 쉽게 말하지 못하고 긍정으로 대답할 확률이 크다.

이것은 커뮤니케이션의 성공 협상 중 사소한 부분에서 'Yes' 를 말하게 해서 결국 설득시키는 'Yes-TAKING' 방법이다. 그 러므로 가급적 상대에게 'Yes'라는 대답이 나오도록 이끌자. 생각지 못한 좋은 결과를 얻을 수 있다.